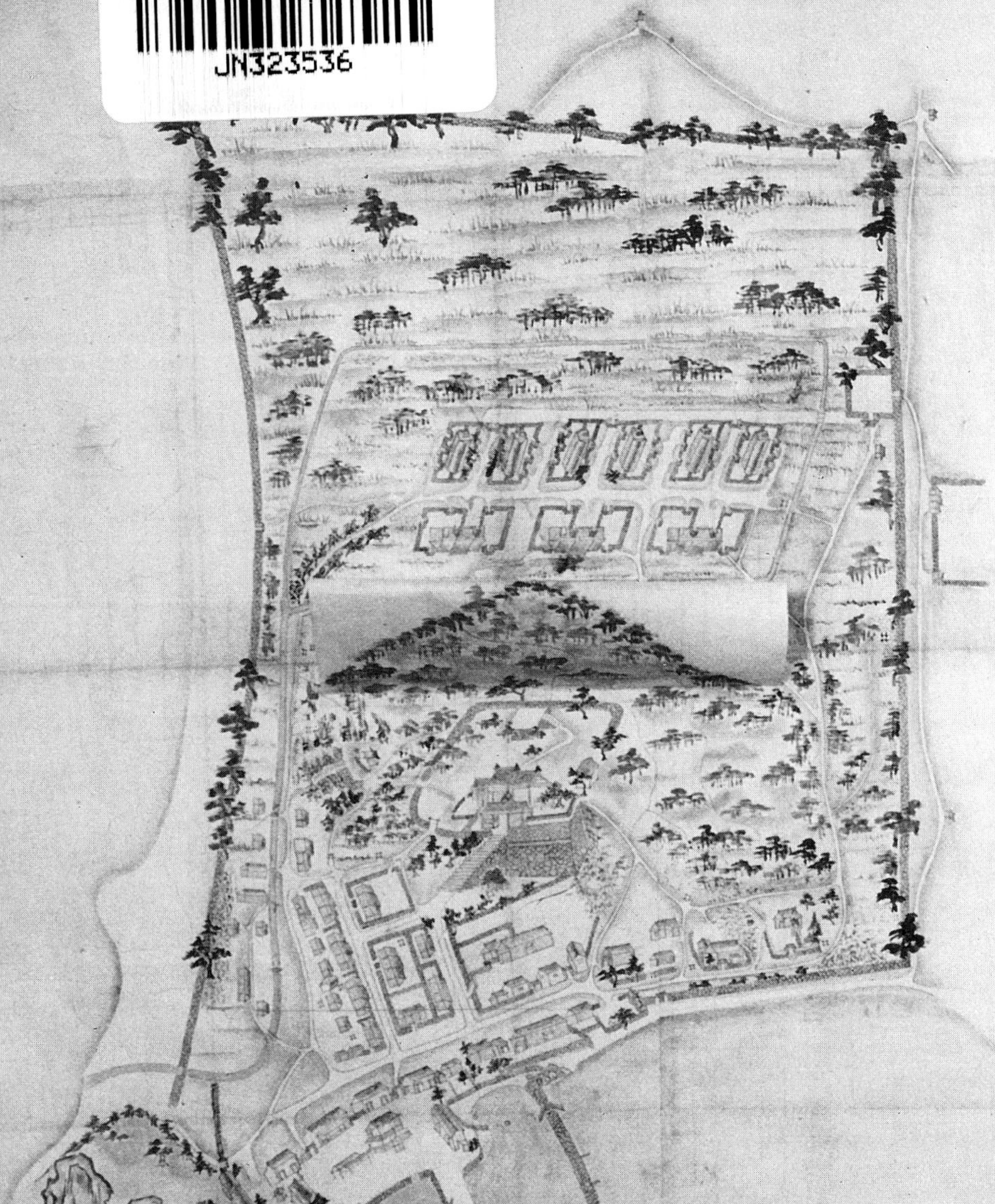

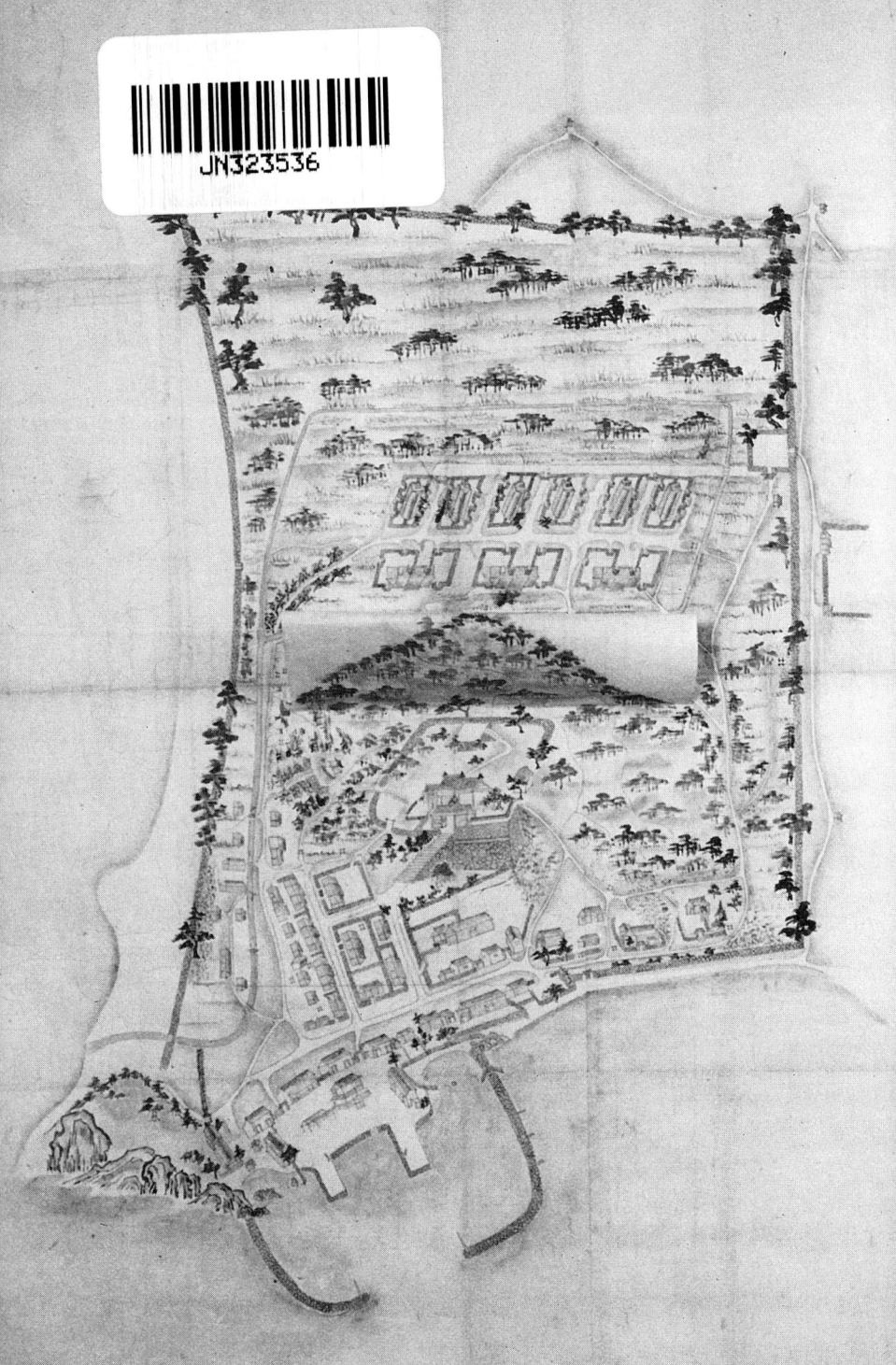

監修者――五味文彦／佐藤信／高埜利彦／宮地正人／吉田伸之

［カバー表写真］
江戸城に入る朝鮮通信使
（「江戸図屛風」より）

［カバー裏写真］
「元禄対馬国絵図」（写）

［扉写真］
「草梁和館図」

日本史リブレット 41

対馬からみた日朝関係

Tsuruta kei
鶴田　啓

目次

対馬の位置

対馬《つしま》の語源は、日本から朝鮮半島（新羅《しらぎ》）へ渡る際に停泊地となる島（津島）だったことに由来するとも、朝鮮半島の馬韓《ばかん》▲に相対する位置にあったことから来たともいわれている（『日本国語大辞典』）。初めに、地図のうえで対馬の位置と形、そして大きさを確認しておきたい（上図参照）。糸島《いとしま》半島と志賀島《しかのしま》に挟まれた博多湾の入口から対馬でもっとも大きな集落である厳原《いづはら》▲まで、直線で海上約一〇〇キロ、壱岐《いき》と対馬のあいだは五〇キロ余り、また北部の比田勝《ひだかつ》や鰐浦《わにうら》から朝鮮半島までも海上約五〇キロである。島は南北約八二キロ、東西一八キロ内外と細長く、現在は上島《かみじま》と下島《しもじま》に分かれているが、これは一九〇〇（明治三十三）年の万関《まんぜき》開削▲による。面積は七〇九平方キロで、沖縄本島・佐渡島《さどがしま》・奄《あま》

▼**馬韓**　全羅道《チョルラド》・忠清道《チュンチョンド》方面にあった小国家の総称。

▼**厳原**　一八六九（明治二）年までは対馬府中《ふちゅう》といった。律令制《りつりょうせい》では対馬国府《こくふ》がおかれた。

▼**万関開削**　旧日本海軍が軍艦の往来を可能にするため行った。

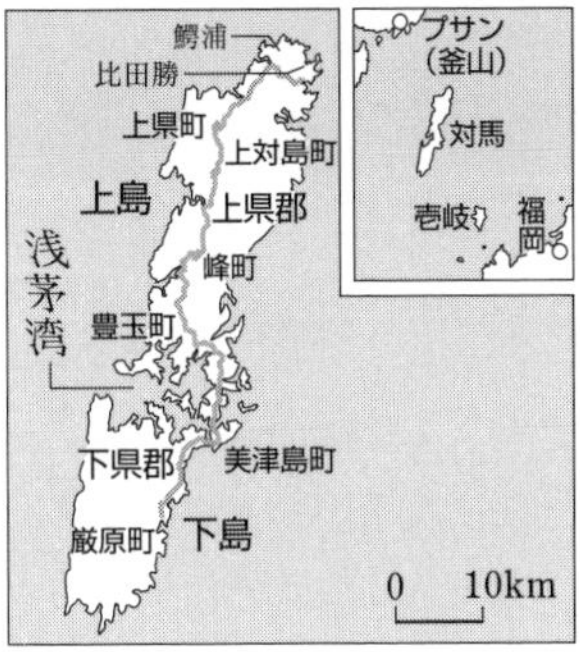

●**対馬の位置とおもな地名**
町名は二〇〇四年合併前のもの。

美《み》大島についで大きな島である。人口は三万九九一九人（二〇〇五〈平成十七〉年九月）。一八七六（明治九）年以後長崎県に属し、二〇〇四（平成十六）年三月一日に下県《しもあがた》郡厳原町（旧町役場所在地は厳原）・美津島《みつしま》町（同鶏知《けち》）・豊玉《とよたま》町（同仁位《にい》）、上県《かみあがた》郡峰《みね》町（同三根《みね》）・上県町（同佐須奈《さすな》）・上《かみ》対馬町（同比田勝）の六町が合併して全島が対馬市となった。

　対馬の地形的な特徴としては、二〇〇〜三〇〇メートルの山地が多いこと、海岸近くまで山が迫っている場所が多く平地に乏しいこと、土地利用では山林が大部分（八九％）を占めていること、浅茅《あそう》湾をはじめとしてリアス式の複雑な海岸線地帯が多いことなどがあげられる。厳原から比田勝まで、地図上で直線距離をはかれば五〇キロ程であるが、この間を結ぶ国道三八二号線は八六・八キロになる。これも険しい地形条件のためで、大縮尺の地図では兄弟島のようにみえる壱岐▲が、平坦な地形で耕地にもめぐまれているのとは対照的である。

　このように地形が険しく耕地や農産物にめぐまれないことと、壱岐と朝鮮半島のほぼ中間に位置する巨《おお》きな島であるという自然条件は、対馬に住む人びとを古くから九州北部と朝鮮半島とのあいだの交易へと向かわせてきた。そのよ

▼**壱岐**　江戸時代は平戸《ひらど》藩領の一部。現在は長崎県壱岐市。

うな特徴は、三世紀前半のようすを記した「魏志倭人伝《ぎしわじんでん》」▲にすでに、「居《お》る所絶島、方《ほう》四百里ばかり。土地は山険しく、深林多く、道路は禽獣《きんじゅう》の径《みち》のごとし。千余戸《こ》あり。良田なく、海物を食して自活し、船に乗りて南北に市糴《してき》す（販売する）」と記述されている。こうした生計は、自然条件が大きな規定条件だった前近代において、基本的にはその後長く変わらなかった。「魏志倭人伝」から約一二〇〇年後の一四七一年に朝鮮王朝の領議政《りょうぎせい》▲申叔舟《シンスクチュ》▲がまとめた『海東諸国紀《かいとうしょこくき》』▲でも、対馬について「南北は三日程、東西は或いは一日、或いは半日程なり。四面は皆石山にして、土瘠《や》せ、民貧しく、煮塩、捕魚、販売をもって生となす」と、きわめてよく似た記述をしている。申叔舟は一四四三年通信使の書状官として京都まで往復した経験もあり、当時の政府内で随一の知日派であった。「対馬＝土地がやせ交易で生計を立てる地」というのは、ある種固定観念になっていたといえるかもしれない。しかし、日本と朝鮮半島との関係史のなかで、それだけ対馬が無視できない存在であったと考えることもできる。

　このように、日本と朝鮮半島との関係に対馬は深くかかわってきた。もちろん、時代によってその様相は同じではなく、南北朝期の国内動乱、朝鮮王朝の

▼**魏志倭人伝**　陳寿《ちんじゅ》撰。正確には『三国志《さんごくし》』のうち「魏書《ぎしょ》」の「東夷《とうい》伝《でん》」倭国《わこく》の条。

▼**領議政**　朝鮮王朝で議政府議政（領議政・左議政・右議政）の第一。臣下として最高の職。

▼**申叔舟**　一四一七〜七五年。朝鮮王朝前期の官人。世宗《セジョン》から成宗《ソンジョン》まで六代の王に仕え、内政・外交の要職を歴任した。

▼**『海東諸国紀』**　朝鮮からみて海東の諸国（日本・琉球）の地理・風俗・歴史を記す。

成立と倭寇《わこう》対策の展開、近世武家政権の成立などは、いずれも対馬のあり方に大きな影響をあたえた。このリブレットでは、日本の近世の時期をおもな対象にして、日朝関係のなかで対馬が果たした役割—逆にいえば、日本と朝鮮との関わりのなかに対馬がどのように自己を位置づけようとしたか—をみていくことにしたい。

①—中世の対馬と高麗・朝鮮

対馬宗氏

鎌倉時代から室町時代にかけて対馬《つしま》島内に勢力を伸ばし、江戸時代には対馬藩《はん》の藩主となったのが宗《そう》氏（対馬宗氏）である。対馬藩が幕府へ提出した家譜《かふ》▲をはじめとする江戸時代の系図では、いずれも次ページのように一一八五（文治《ぶんじ》元）年の壇ノ浦《だんのうら》合戦で戦死した平知盛《たいらのとももり》の末子が宗氏の祖であるとしている。しかし、藩内で家譜がまとまるまでに曲折があったことや、一六八六（貞享《じょうきょう》三）年に完成した「宗氏家譜」の序文で、藩主宗義真《よしざね》がわざわざ「余が始祖は乃《すなわ》ち平《へい》中納言《ちゅうなごん》知盛の季子《きし》にして、余が身に至り二十四世なることは、旧譜の載する所、昭然として見るべし」と述べていることなどから、実は江戸時代初期には明確な系譜がわからなくなっていたと推測される。現在の研究では、大宰府《だざいふ》の官人惟宗《これむね》氏の一族である対馬の在庁官人《ざいちょうかんじん》▲惟宗氏が、北部九州の有力武士で対馬の守護《しゅご》兼地頭《じとう》になった少弐《しょうに》氏▲（当初武藤《むとう》氏といった）の家臣となり、地頭代《じとうだい》に任命されるなど武士化して宗を称する▲ようになったとする見解が有力である。

▼**家譜**　『寛永諸家系図伝《かんえいしょかけいずでん》』『寛政重修諸家譜《かんせいちょうしゅうしょかふ》』など。藩内には安徳《あんとく》天皇後裔説も存在した。

▼**在庁官人**　平安時代中期以降各国の国衙《こくが》（国の役所）で行政実務を担った役人。

▼**少弐（武藤）氏**　鎌倉時代初期武藤資頼《すけより》が鎮西奉行《ちんぜいぶぎょう》に任命され九州へ移住。大宰少弐（大宰府の官名）を世襲し少弐氏と称した。

▼**宗を称する**　惟宗（のちには平）が姓（本姓）で、宗が名字。

●宗氏系図①（「宗氏家譜略」による）　江戸時代に考えられていたもの。

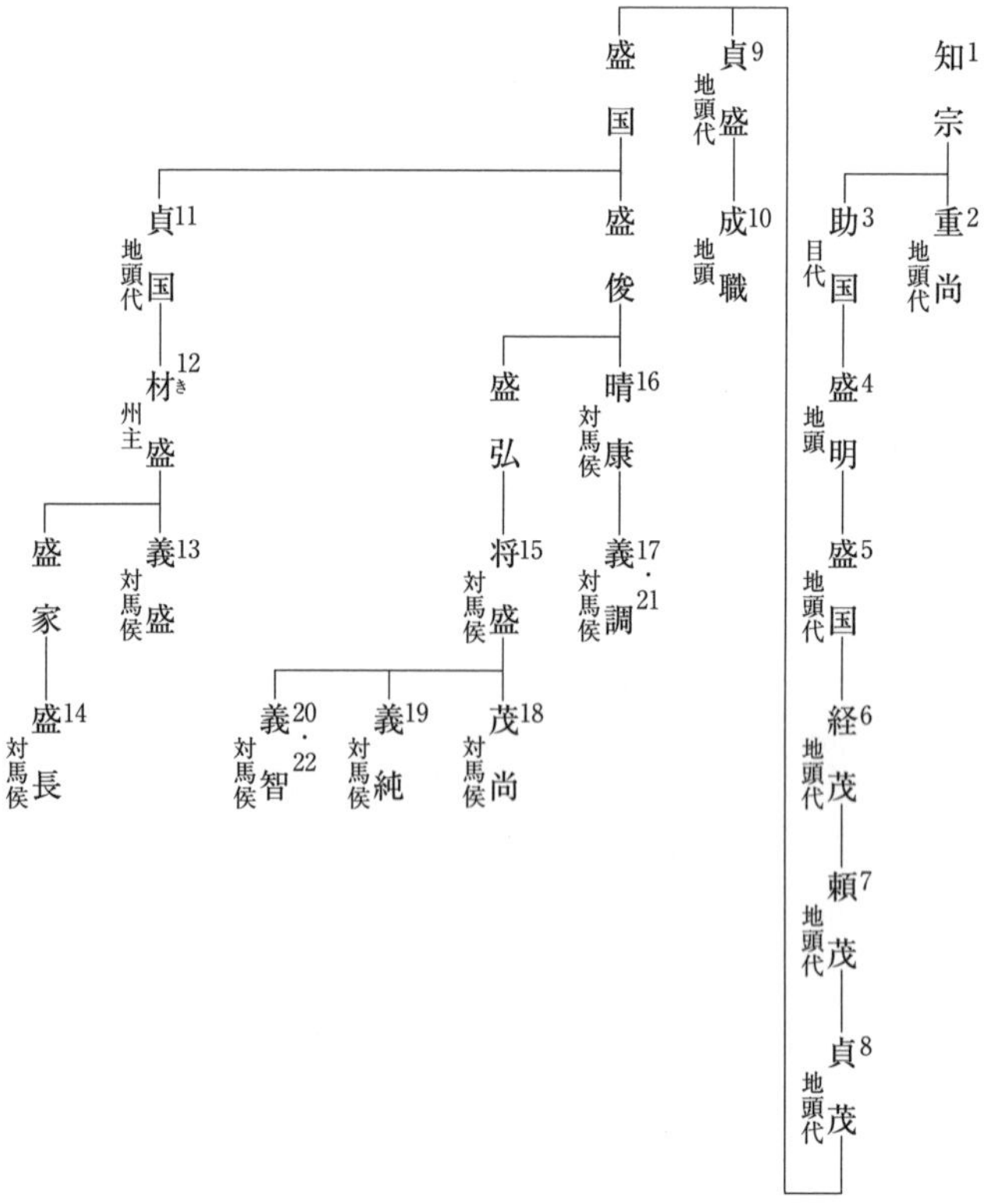

鎌倉時代の宗氏の活動を示す材料は非常に乏しいが、日本の他の地域と同様に、同氏が短期間に対馬の武士を家臣団に編成し、島内支配を確立したわけではなかったようである。文永《ぶんえい》の役《えき》（一二七四〈文永十一〉年）の際、宗資国《すけくに》（後代には助国とも書く）が対馬西海岸の小茂田《こもだ》浜で元《げん》と高麗《こうらい》の大軍を相手に戦死した話は有名であるが、資国は対馬守護であった少弐氏の代官《だいかん》（地頭代）としての立場で軍勢を動員し戦闘を指揮したのであろう。

続く十四世紀半ばから後半にかけての南北朝動乱期になると、宗氏はしばしば少弐氏とともに北部九州で戦っていることが確認できる。このことは、少弐氏との主従関係で一応説明可能であるが、この時期はちょうど倭寇《わこう》（前期倭寇▲）がもっとも激しかった時代で、そのなかで対馬の住人が大きな比重を占めていたことはまちがいない。当時宗氏の対馬島内勢力（とくにその海上行動）に対する統制はまだ不十分▲だったと思われ、そのような状況のなかであえて対馬を留守にして、筑前での領地獲得・維持に力をそそいでいたことになる。したがってこの時点での宗氏は、九州での領地確保への執着のほうが強かったのではないかと考えられる。ところで、一三九二年に成立した朝鮮王朝は、一四二〇年代

▼**前期倭寇**　十四世紀後半から十五世紀にかけて朝鮮半島沿岸部を中心に活動した集団。十六世紀におもに中国沿岸部・島嶼《とうしょ》地帯で活動した集団（後期倭寇）と区別するためこのように呼ぶ。

▼**統制はまだ不十分**　この時期、代官として島内の政務をまかされた宗氏の一族は、仁位《にい》郡中《なか》村（現在の仁位）に本拠をおいて勢力を増大し、高麗・朝鮮から対馬島主と認められる力をもった。

から倭寇対策を転換し、対馬の支配者である宗氏に倭人《わじん》統制の役割を期待し、あわせて通交における特権的地位を認めるようになった。宗氏側も積極的にこうした政策を利用し、重心を九州での領地確保から朝鮮との交易掌握に転換して、交易権の保障や分配を軸に、島内支配を固める方向をめざすようになった。宗氏はその後十五世紀後半まで九州北部に領地を保持し、文明年間（一四六九〜八七）ごろまで少弐氏に従って九州北部での戦闘に参加していた。しかし、時代がくだるにつれて、九州での戦いは貿易の要地である博多の確保という意味合いが大きくなっていったと考えられる。文明年間以後、宗氏が少弐氏と袂《たもと》を分かち、惟宗姓から平姓を名乗るようになったことも、こうした転換の表れであると考えられている。

鎌倉〜南北朝期の対馬と朝鮮半島

高麗の記録▲には、鎌倉時代の日本と高麗の交渉を示す記事が散見されるが、そのなかで対馬や宗氏のようすを具体的に知る材料は少ない。ただ、鎌倉幕府の歴史書である『吾妻鏡《あずまかがみ》』▲には、壇ノ浦の合戦が行われたとき、対馬嶋司《とうし》▲藤原《ふじわらの》

▼**高麗の記録**　『高麗史』『高麗史節要《せつよう》』など朝鮮時代前期に編纂された高麗の歴史書。

▼**『吾妻鏡』**　十三世紀後半ないし十四世紀初めごろ鎌倉幕府が編纂した歴史書。

▼**嶋司**　当時対馬国ではなく対馬嶋の扱いになっていたため。

親光《ちかみつ》が平氏の対馬攻撃を恐れて高麗に逃れており、戦後、源範頼《みなもとののりより》▲の命を受けた対馬守護河内五郎義長《かわちのごろうよしなが》が親光を呼び戻すために使者を高麗に派遣したという記事がみえる。このことから、対馬と高麗とのあいだで一定の往来関係やつながり（緊急時に匿《かくま》ってもらえるような）が存在したことは確実であろう。一二七四年と八一年の蒙古《もうこ》・高麗軍の日本攻撃は進路にあたった対馬に大きな被害をあたえ、また「ムクリコクリ（蒙古・高麗）」の言葉として恐怖の記憶を九州・西国に残すこととなった。しかし、国家間の戦争とは別に、対馬を経由して九州北部と朝鮮半島南部をつなぐ交易は継続していたと考えられ、朝鮮時代前期の事例▲から推測すれば、漁民の往来などはより日常的に存在していたであろう。

一三五〇年以降、朝鮮半島の沿岸部を中心に倭寇の活動がにわかに活発化した。倭寇が米と人の略奪を盛んに行っていることから、その背景には南北朝の動乱にともなう九州の争乱▲が関係していたと指摘されている。ただ、高麗側史料が記すところでは、倭寇は大規模な船団で渡海しており、また高麗の都《みやこ》である開京《ケギョン》（現在の開城《ケソン》）付近まで襲撃を行ったりしている。当時の九州武士団に、そこまで組織的で大規模な軍事行動が可能であったとは考えにくく、争乱の最

▼源範頼　源頼朝《よりとも》の弟。平家を滅ぼしたあと、九州の経営にあたっていた。

▼事例　次項の興利《こうり》倭人や孤草《コチョ》島《ド》釣魚約条を参照。

▼九州の争乱　九州では北朝方・南朝方の勢力争いが激しく、武士たちを統制する体制がくずれていた。

▼**勢力の総体**　当時「倭」であることの基準は、国籍や血統（出自）よりも言葉や服装など風俗におかれていた。

▼**今川了俊**　貞世《さだよ》。一三七一～九五（応安《おうあん》四～応永《おうえい》二）年のあいだ九州探題として九州における幕府方勢力拡大につとめた。

中に本拠地を留守にして外国へ赴いていることも不自然である。倭寇自身が書き残した史料はなく、高麗末期の地方の実態についても具体的に知ることができないため、すべての事象を整合的に説明することは不可能だが、状況証拠的にいうならば、「倭寇」はつぎのような勢力の総体▲と考えることができる。

(1)対馬・壱岐《いき》・松浦《まつら》地方の住民。倭寇のすべてが対馬関係者であったとは考えられないが、その中心の一つであったことはまちがいない。

(2)南北朝の動乱にともなう従来の秩序の流動化によって発生し、当時「溢《あぶ》れ者」「悪党《あくとう》」などと呼ばれた、既存の秩序に服さなくなった九州の武士たち。

(3)高麗国内の反政府勢力、あるいは中央政府の統制から相対的に独自に動くようになった地方勢力。また、襲撃や略奪、地方役所の内陸部移転などによって実際に流民・流賊とならざるをえなくなった人びと。

いずれにしても、「国境」にあまりとらわれることなく活動した人びとが、当時相当数いたことは確かである。もちろん、この間の日本と高麗の関係のすべてが倭寇に覆われていたのではなかった。高麗政府は室町幕府や北部九州の有力者に倭寇取締り要請の使節を派遣しており、九州探題今川了俊《たんだいいまがわりょうしゅん》▲の使者も高麗に到着しているので、倭寇に妨げられない往来も不可能ではなかった。対馬に対しても、高麗政府は一三八九年に倭寇の根拠地の一つとみなして軍事攻撃を実行している一方で、六八年には使者を派遣してきた崇宗慶《そうそうけい》▲に対して米一〇〇〇石《ソク》（石は高麗の単位）をあたえている。

朝鮮の倭人通交者統制政策

一三九二年に建国した朝鮮（朝鮮の国号は九三年に決定）は、日本国内の有力者への取締り要請や沿岸部住民の内陸移住を継続しつつ、平和的に渡航する者を優遇して倭寇の沈静化につとめ、また対馬島主宗貞茂《さだしげ》▲との連携を重視した。武力路線も放棄されたわけではなく、貞茂の死後、対馬島内情勢が流動化しているとみた朝鮮政府は、一四一九年に前国王太宗《テジョン》▲が主導して対馬攻撃（日本でいう応永《おうえい》の外寇《がいこう》、朝鮮では己亥東征《きがいとうせい》▲）を実行した。しかしつぎの世宗《セジョン》▲期（在位一四一八～五〇年）になると、倭人渡航者統制のために対馬島主を利用する方針と、倭人通交者を統制する制度的枠組みとが明確になった。対馬側でも貞茂の子宗貞盛《さだもり》（一四一八年家督、五二年没）が、他の勢力をおさえて島内支配を進めるため積極

▼**崇宗慶**　宗経茂《つねしげ》だと考えられている。

▼**宗貞茂**　宗経茂の孫。

▼**太宗**　朝鮮の第三代国王。一四一八年、世宗に譲位したが軍事指揮権は保持。

▼**己亥東征**　実行前に太宗がだした詔《しょう》では、対馬は元来朝鮮の地だったが辺境のため倭人が占拠したと主張していた。

▼**世宗**　朝鮮の第四代国王。文教政策を進め「大王」と称される。

的に朝鮮の政策に協力した。こうした朝鮮の倭人通交者統制政策は一時にできあがったものではなく、また待遇や利用できる浦所《ほしょ》などは時期によって変動したが、おおよそつぎのような要素から成り立っていた。

(1)浦所と倭館《わかん》の設定。十五世紀初めから二〇年代にかけて、日本からの通交者と貿易を統制するために来航浦所を薺浦《チェポ》(乃而浦《ネイポ》)▲と釜山浦《プサンポ》(富山浦)▲、のち塩浦《ユンポ》▲を加えた三浦《さんぽ》に限定し、そこに施設(倭館)を設けたと考えられている。三浦には多数の倭人が定住し(恒居倭《こうきょわ》)、一五一〇年には三浦の乱▲を引き起こすことになった。

(2)使者の格付や名目の整備。十五世紀初めには興利船《こうりせん》▲の来航を制限し、一四一四年には使送船《しそうせん》▲の派遣資格に制限を加えた。また、倭寇情報の提供など朝鮮に対して功績がある者に対して図書《としょ》(名前を刻んだ銅印)をあたえる受《じゅ》図書人《としょにん》▲の制度や官職を授ける受職人《じゅしょくにん》▲の制度を設け、毎年一回船を派遣して貿易ができるものとした。

(3)対馬島主文引《ぶんいん》の制度。一四二〇年に対馬からでるすべての船を対象に対馬島主が発行する文引の所持を義務づけ、二六年には朝鮮へ渡るすべての船

▼**薺浦・釜山浦・塩浦**　ほぼ現在の鎮海《チネ》・釜山・蔚山《ウルサン》に相当。

▼**三浦の乱**　朝鮮の統制強化に不満をいだいていた三浦倭人が、対馬島主宗盛順《もりまさ》の後援のもと薺浦と釜山の役所を襲撃した事件。慶尚道《キョンサンド》軍に鎮圧され失敗に終った。

▼**興利船**　もっぱら交易のために来航する船。

▼**使送船**　朝鮮政府への手紙と土産品を持参して来航する船。日本国王使(室町将軍の使者)や巨酋使(有力大名の使者)、対馬島主使船などが想定された。

▼**受図書人・受職人**　受職人は本人が朝鮮に赴く必要があったが、受図書人は代理でもよいとされ、両者のあいだでは受図書人のほうが格上とされた。

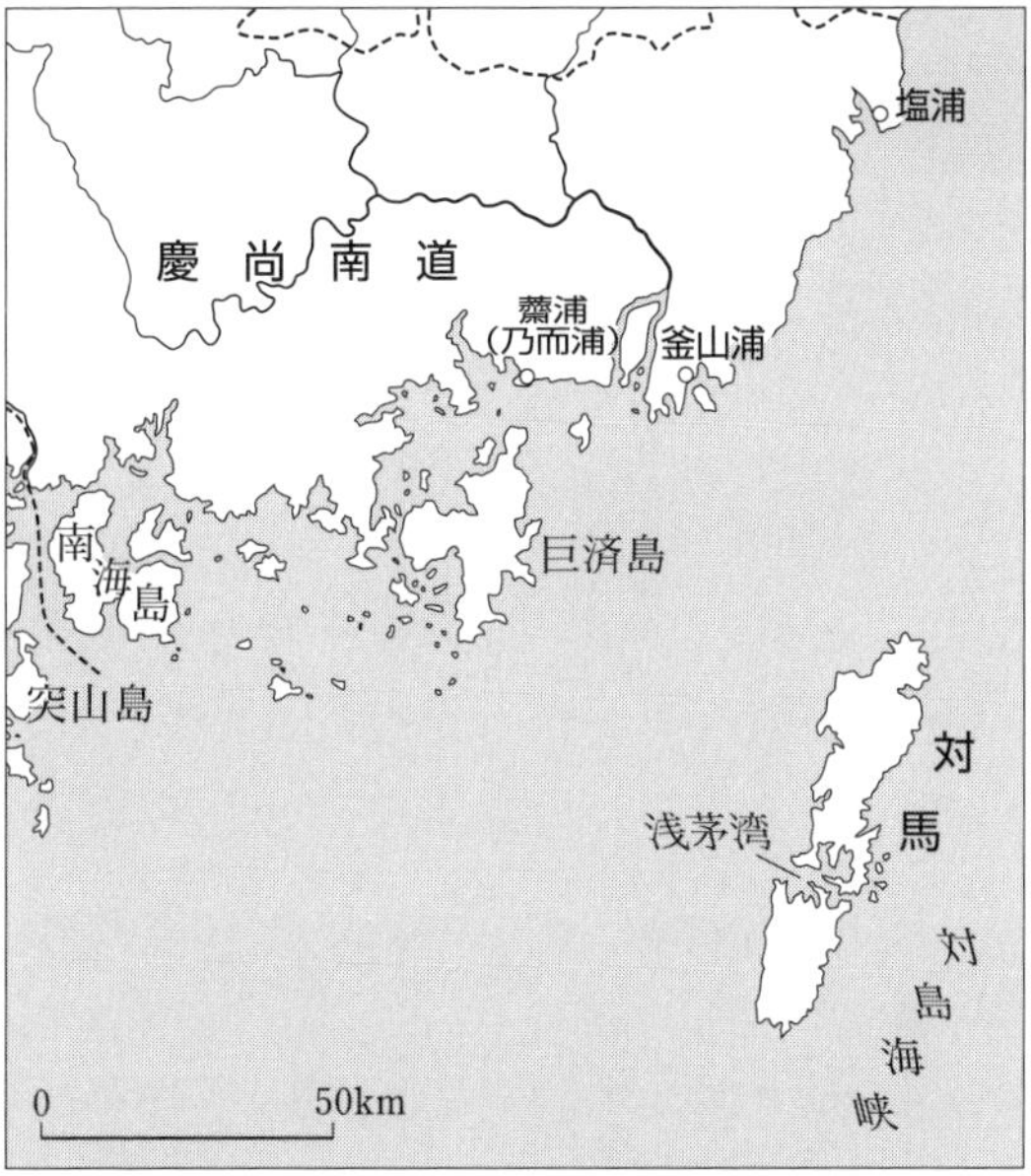

●──対馬と三浦(関周一『中世日朝海域史の研究』より)

●──「東萊富山浦之図」(同右)

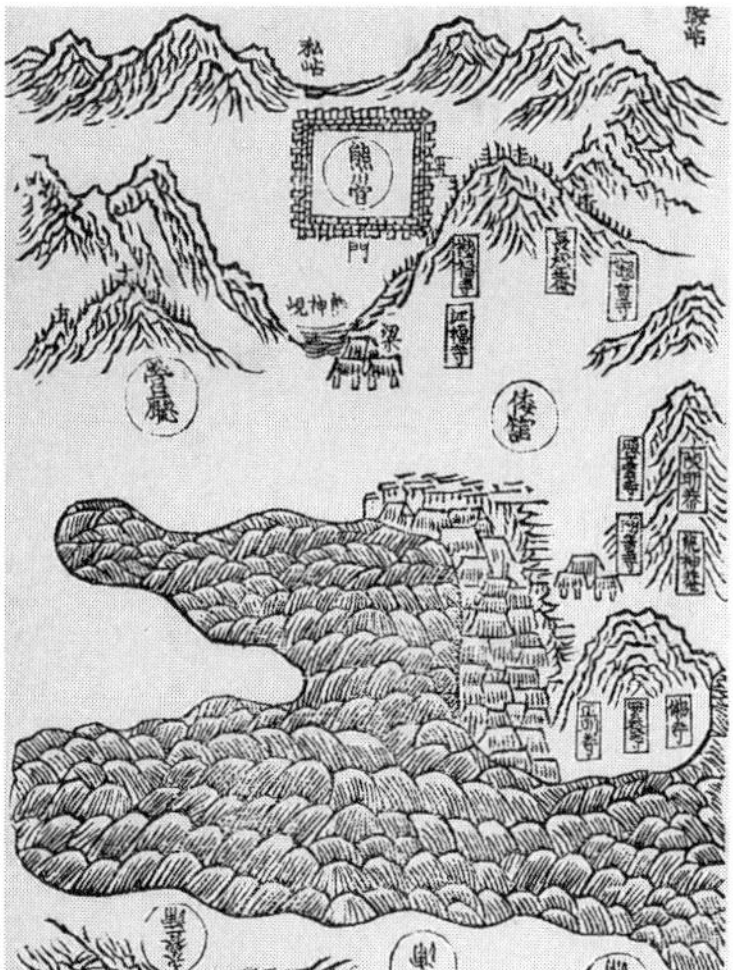

●──「熊川薺浦之図」(『海東諸国紀』より)

●――「皮古三甫羅《ひこさぶろう》宣略将軍虎賁衛副護軍告身」(成化十八年三月日、縦九八・〇×横七九・八センチ)

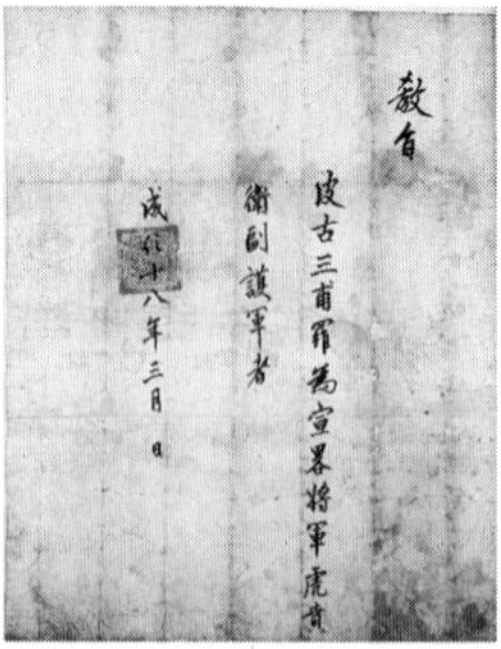
敎旨
皮古三甫羅為宣略将軍虎賁
衛副護軍者
成化十八年三月 日

▼合意　これらは対等の立場で「結ぶ」ものというより、朝鮮側が条件を示し対馬側がそれを受容する性格のものであった。

に対象を拡大した。

(4)対馬島主との約条《やくじょう》と島主歳遣船《さいけんせん》の制度。一四四三年の癸亥《きがい》約条で対馬島主に対して毎年五〇艘の船を派遣する権利を認めたのを最初に、以後各約条にも歳遣船数を定めるのが定例となった。対馬島主が特別な用件のために仕立てる特送船《とくそうせん》は別枠で認められた。宗氏はこうした特権を利用しつつ対馬の諸勢力を自己の家臣に組み込んで島内支配を進めていった。対馬島主は朝鮮政府とのあいだで左の約条に合意▲している。

・一四四一(嘉吉《かきつ》元)年孤草島《コチョド》釣魚《ちょうぎょ》約条。孤草島(巨文島《コムンド》)海域での対馬船の漁労を認めた約条。一五一〇年三浦の乱で失効。
・一四四三(嘉吉三)年癸亥約条。はじめて包括的な約条を定め、対馬島主の歳遣船を年に五〇艘とした。
・一五一二(永正《えいしょう》九)年壬申《じんしん》約条。一五一〇年三浦の乱による断交後の約条。歳遣船二五艘、浦所は薺浦一所とし定住を禁止。
・一五二一(大永《たいえい》元)年浦所に富山浦を追加。一五二三(大永三)年に歳遣船五艘増加。

・一五四七（天文《てんぶん》十六）年丁未《ていび》約条。一五四四年甲辰蛇梁《こうしんサリャン》の変▲による断交後の約条。歳遣船二五艘、薺浦を閉ざし、浦所は富山浦一所となる。

・一五五七（弘治《こうじ》三）年丁巳《ていし》約条。一五五五年乙卯達梁《いつぼうタリャン》倭変▲の際、情報を提供した功により歳遣船三〇艘に増加。

このように、十五世紀前半に対馬島主を軸にした朝鮮の倭人通交者統制制度が形成され、十六世紀には倭人が起こした事件にともなう貿易制限強化とその後の回復とを繰り返していた。

貿易の種類と貿易品の動向

朝鮮時代の初期に興利船が停止されたので、朝鮮の開港場にやってくる船は原則として使送船、つまり朝鮮国王への使者の形をとった船となった。使者にはその格に応じた接待が行われ、国王への挨拶のため開港場からソウルまで往復する間の費用も朝鮮側の負担であった。またつぎに述べるごとく、彼らが持参した物資の朝鮮政府による買上げも行われた。このように、朝鮮の倭人統制政策は、朝鮮側が設定する秩序に従って通交する者に対しては経済的利益をあ

▼**甲辰蛇梁の変**　慶尚道蛇梁で起きた倭寇事件。

▼**乙卯達梁倭変**　全羅道《チョルラド》達梁浦などで起きた倭寇事件。実行の主体は後期倭寇と呼ばれる、五島や平戸に拠点をおく武装商人。

▼**華夷意識**　儒教《じゅきょう》を核とする文明が発達している華（中華《ちゅうか》）とそれがない夷（夷狄《いてき》）を区別し、華を夷の上におく考え。

たえた点に特徴がある。もっとも、ソウルで行われるのは朝貢の色彩をもつ儀礼であり、朝鮮側の華夷《かい》意識▲が通交体制を支えていたともいえる。なおこのほかに開港場には、一定の条件下で定住を許可された者（恒居倭）が存在しており、対馬島主の統制に服していたが、三浦の乱以後廃止された。

当時の貿易の方法として、⑴進上《しんじょう》、⑵公《こう》貿易、⑶私《し》貿易の三種類があった。⑴の進上は、各使節から朝鮮政府に進物を行うと、それに対する回賜品《かいし》が渡されるものである。「求請《きゅうせい》」といい特定の品の回賜を希望することもできたが、それが認められるかどうかは朝鮮側の判断によった。ただし進上・回賜は、貿易全体のなかでは数量的にそれほど大きくなかった。⑵の公貿易は、日本からの輸出品のうち一定量を朝鮮政府が買い上げるもので、代価の支払いには朝鮮国内で税として徴収され官庫に蓄積してある木綿の布（公木《こうぼく》という）が使われた。⑶の私貿易は、朝鮮の商人を相手として行う商取引である。公貿易による買上げと私貿易による販売のどちらが有利かは時によって変動したので、もちこんだ商品の取扱い──公貿易で買いとるか私貿易に委ねるか──は、倭人と朝鮮政府のあいだでしばしば対立の原因となった。なお、このような三つの貿易区分は近世（朝鮮時代後期）にも基本的に引き継がれた。

日本から輸出されたのは、銅・鑞《すず》（錫）・鉛など金属材料、そして胡椒《こしょう》・明礬《みょうばん》・蘇木《そぼく》など南方産の物資であり、一五三〇年代以降、日本国内の銀の産出量増加にともなって銀の輸出が急増した。朝鮮からは先述の木綿がもっとも重要な品物であった。もちろん、朝鮮社会のなかにも日本からの輸入品に対する需要があり、そうした品物を扱う商人たちがいた。そして朝鮮社会が経済的に発展するにつれて、日本の産物に対する需要は大きくなっていった。

ところで、三浦の乱によって貿易の権利を大幅に縮小された対馬では、対馬以外の通交者の名義を集積したり、架空の通交者名を案出したりすることで、派遣できる船の数を実質的に拡大することをめざした。このように名義と実態とが異なる使者を偽使《ぎし》と呼ぶ。対馬勢力による偽使は十五世紀からすでに存在していたが、十六世紀にはこの傾向が甚だしくなり、対馬以外の名義による通交はほぼすべてが偽使（実態は対馬勢力が仕立てた使者）という状況になった。ほかにも、偽使横行を招いた原因としてはつぎのような事情があった。

⑴日本国内の戦乱によって室町幕府の九州・西日本に対する統制力が低下し

▼蘇木　蘇芳《すおう》。染料の材料。

▼産出量増加　灰吹法《はいふきほう》と呼ばれる鉛を利用した精錬法が朝鮮から伝わって銀の産出が増加した。

▼木綿の輸入　当時日本では国内需要を満たすほどの木綿がまだ生産されていなかった。

●—宗家にあった偽印（「徳有隣」印〈右〉と「通信符」印〈中・左〉）

たこと。戦国大名の成長にともない、武士たちが各地域の大名権力の縛りを強く受けるようになり、朝鮮へ自由に船を派遣することがむずかしくなったこと。

(2) 一五四七（天文十六）年を最後に遣明船が中絶する一方で、中国人海商やポルトガル勢力▲が九州地方に来航するようになり、平戸《ひらど》・松浦・五島《ごとう》方面の交易勢力の主要な関心が中国（明《みん》）との貿易に向くようになったこと。

(3) 対馬やそれに連なる博多商人などには貿易拡大への欲求があり、朝鮮国内にも日本の産物に対する需要が存在したこと。

(4) 朝鮮政府の日本情勢に対する関心が低下していたこと。朝鮮政府も対馬によるこうした偽装を一定度認識していたが、一四四三年以降対馬以外の日本に赴いた使者がなく、日本国内の実情を知りえない状況では、決定的な対策はとれなかった。

こうした偽使を含む対馬の通交実態は、対馬側に残された史料「朝鮮送使国《ちょうせんそうしくに》次之書契覚《なみのしょけいおぼえ》」によってうかがうことができる。たとえば、一五八〇（天正《てんしょう》八）年には、「天正八年八月二十一日に対馬府中《ふちゅう》で、景轍玄蘇《けいてつげんそ》▲（蘇西堂《そせいどう》）を正使《せいし》（上官人）、柳川調信《やながわしげのぶ》▲（権介《ごんのすけ》）を船頭とした使節が持参する手紙に日本国王の印を押した」との記述がある。実際にこの年、これに該当する日本国王使《こくおうし》があったことも確認されている。また、この史料からは島主歳遣船三〇艘の権利が家臣に対して細かく分配されていた状況も知ることができる。

しかし、豊臣《とよとみ》政権のもとに組み込まれた対馬の強い要請を受けて、一五九〇（天正十八）年に朝鮮から通信使《つうしんし》▲が久しぶりに日本へ派遣された結果、こうした偽装は露顕することになった。約一五〇年ぶりに対馬以外の日本の地を踏んだソウルの官人は、長年名前を聞き知っていた「巨酋《きょしゅう》」（有力大名《だいみょう》）がすべて実は滅亡していることを知って愕然とした。しかし、朝鮮政府が対馬に対してその責任を追及するまもなく、一五九二（文禄《ぶんろく》元）年に始まる豊臣秀吉《ひでよし》の朝鮮出兵開始にともない、中世の対馬と朝鮮の関係はすべて烏有《うゆう》に帰すことになった。

▼中国人海商やポルトガル勢力　日本では唐物《からもの》（中国生糸・絹織物・陶磁器・書籍・書画など）に強い需要があり、また中国市場が求める銀の産出も増加していたので商人の活動が活発化していた。

▼景轍玄蘇　一五三七〜一六一一年。元博多聖福寺《しょうふくじ》の住持で、対馬の要請を受けて一五八〇（天正八）年以来朝鮮との外交に携わった。

▼柳川調信　?〜一六〇五年。出自不明。一五七九（天正七）年以降朝鮮通交での活動が確認できる。

▼通信使　朝鮮国王から服属の使者をだすよう求めた秀吉の要求を、宗氏は通信使派遣にすりかえて要請した。このときの使者は豊臣政権の国内統一を祝賀する名目で派遣された。

②—近世初期の日朝関係と対馬

豊臣政権への組込み

朝鮮との関係を事実上独占していた宗《そう》氏が豊臣秀吉《とよとみひでよし》と公的な接触をもったのは、一五八六(天正《てんしょう》十四)年のことであった。島主宗義智《よしとし》▲の後見人である宗義調《よししげ》▲から書状と進物を送ったところ、折り返し秀吉から、九州へ出陣する予定と朝鮮出兵の意向が伝えられた。この朝鮮への出兵は、九州平定の延長であるとともに、「唐《から》入《い》り(中国征服)」の一環をなすものでもあった。「唐入り」は、かつて織田信長《おだのぶなが》が将来の構想として公言していたことで、秀吉はそれを引き継いだともいえるが、全国統一事業が急速に進むにともなって、にわかに現実味をおびてきたのである。これよりさき、一五八五(天正十三)年関白《かんぱく》に就任した秀吉は、天皇の代理という立場から諸大名《だいみょう》に戦闘行為の中止を命じ(惣無事令《そうぶじれい》)、国内での戦争状態を終らせようとしていた。しかし、全国政権としての組織や体制はまだないに等しく、政権の求心力を維持するためには、諸大名に対する軍事動員(土木・建築工事への動員を含む)を間断《かんだん》なく続けるとともに、彼らの領土

▼**宗義智**　一五六八〜一六一五年。初名昭景。父は宗将盛。

▼**宗義調**　一五三二〜八七年。宗将盛の従兄弟にあたり、義智の三代前の島主。

拡大の欲求にも応える姿勢を示すことが必要だった。そのために海外への軍事行動を起こしてそちらへ目を向けさせることは、たしかに一つの選択肢▲であった。また秀吉は、「三国《さんごく》（日本・中国・朝鮮）に名を残す」とか、「中国を征服したら自分は寧波《ニンポー》に居を構えるつもり」などと述べていたから、自分の手で明《みん》帝国に取ってかわる帝国を建設することを意識した部分があったかもしれない。

翌一五八七（天正十五）年、秀吉は九州に赴いて島津《しまづ》氏を降し、引き続いて九州の「国分け」（大名再配置）を行った。宗氏はまず家臣柳川調信《やながわしげのぶ》を秀吉のもとに派遣し、ついで宗義調・義智が六月に博多の箱崎《はこざき》で秀吉に拝謁して対馬《つしま》領有を安堵された。このとき秀吉は朝鮮攻撃を命じたが、宗義調が「朝鮮は対馬と仲間であり攻撃するのは適当ではありません」と申し入れた結果、ひとまず攻撃は中止され、のち、朝鮮国王を参洛《さんらく》▲させる命令に変更になった。あらたに服属した大名に対して、そのさきにいる大名に服属をうながす役割を担わせた点、服属するならば秀吉のもとへ挨拶のために参上せよとした点など、朝鮮に対しては国内戦争の過程と同じ論理▲が適用された。そして、豊臣政権は室町幕府と異なり、日本全国の領主を軍事動員する力をもっていたから、こうした命令に

▼**一つの選択肢**　秀吉は服属した島津氏に対して、琉球を通して明と交渉し、明使来日を実現させるよう命じていた。

▼**朝鮮国王の参洛**　朝鮮国王の参洛を強く求めたことは、古代の伝説にある「朝廷の朝鮮支配」を自分の手で再現しようとした意図がみえるようである。

▼**同じ論理**　参上しなければ攻撃することになる。この論理は明には適用されず、朝鮮とは扱いが異なっていた。

●──朝鮮出兵までの宗氏の交渉

年　月	秀吉政権	宗氏・対馬	朝　　鮮
1586. 4		対馬島主後見宗義調，豊臣秀吉に書状と進物を送る。	
6	秀吉，義調への朱印状で朝鮮出兵の予定を伝える。		
1587. 5		宗義調，ふたたび島主となる。	
6	対馬領有を安堵。朝鮮出兵を命令。朝鮮出兵を延期。のち朝鮮国王の参洛実現を命ず。	義調と養嗣子義智，筑前箱崎で秀吉に拝謁。義調，朝鮮への出兵中止を請う。	
9		家臣柚谷(橘)康広を日本国王使として朝鮮派遣。国内統一祝賀の通信使派遣を要請。	日本の新王は簒奪者との認識。表向き水路迷昧を理由に断わる。
1588. 12		宗義調死し，義智島主となる。景轍玄蘇・宗義智・柳川調信・島井宗室ら，日本国王使として朝鮮に渡り，重ねて通信使派遣を求めるが成果なく帰島。	
1589. 3	宗義智に朝鮮国王参洛を督促。		
6		景轍玄蘇・宗義智・柳川調信・島井宗室ら，再度朝鮮に渡り，重ねて通信使派遣を求める。朝鮮国王に拝謁。	通信使派遣の条件として倭寇手引者沙乙火同(五島在)の引渡しを求める。
9		柳川調信に沙乙火同を連行させる。	通信使派遣を決定。
11			正使黄允吉と副使金誠一を任命。
1590. 2		沙乙火同を朝鮮側に引き渡す。	
3		宗義智ら，通信使に同行してソウル発。	通信使一行ソウルを発つ。
7		京都着。	京都着。
11	聚楽第で通信使一行を謁見。国王書への返書で朝鮮に明征服の先駆けとなるよう命ずる。		堺で滞留中，国王書に対する秀吉の返書を受け取る。
1591. 1		景轍玄蘇・柳川調信，釜山まで通信使に同行する。	釜山に帰着。
2		釜山にて景轍玄蘇，来年明征服のため朝鮮に道を借りることを求む。	黄允吉・金誠一，国王に復命。允吉は兵禍あらん，誠一は兵禍なからんと報告。
3		ソウルにて玄蘇，来年の兵禍を避けるため明への貢路斡旋を朝鮮に求む。	明へ日本による侵犯計画を奏上。
6		宗義智，釜山にて明への途を借りることを求む。	

正面から反対すれば滅亡する以外なかった。宗氏の側では、博多の有力商人島《しま》井《い》宗室《そうしつ》▲や九州方面の大名との取次ぎ窓口になっていた小西行長《こにしゆきなが》など秀吉政権の中枢に近い人物との関係を強化し、また義智自身が朝鮮に渡海▲し朝鮮政府に通《つう》信使《しんし》派遣を求めるなど、全力でこの難題に対処することになった。こののち開戦までの宗氏の交渉と、秀吉政権・朝鮮政府の動きについて、前ページの表にまとめた。表からは、中間にあった宗氏が秀吉・朝鮮の要求や回答を微妙に変えて伝達しながら事態を収拾しようとしていたようすをみることができる。しかし結局、独裁者の考えが変わらないかぎり、できることは時間稼ぎでしかなかったのである。

朝鮮出兵中の宗氏と対馬

一五九二(天正二十＝文禄《ぶんろく》元)年四月、豊臣秀吉は肥前名護屋《ひぜんなごや》に集結させていた軍勢に出陣命令▲をだし、文禄・慶長《けいちょう》の役《えき》(朝鮮では壬辰《じんしん》・丁酉倭乱《ていゆうわらん》)が始まった。動員された日本軍の数は一六万といわれ、戦争は日明《にちみん》講和交渉にともなう小康状態を挟み、秀吉が死去する一五九八(慶長三)年まで足かけ七年におよんだ。

▼**島井宗室**　一五三九〜一六一五年。博多の豪商。茶人としても交際範囲が広かった。

▼**義智自身の渡海**　対馬島主本人が朝鮮に渡るのはきわめて異例であった。

▼**出陣命令**　戦争全般の経過については、北島万次『秀吉の朝鮮侵略』(日本史リブレット34)を参照。

ここでは当時の宗氏の当主で、のちに対馬藩の初代藩主に数えられることになる宗義智の動きと対馬の状況にしぼってみることにしたい。

宗義智は対馬島主宗将盛《まさもり》の末子で、初め昭景《あきかげ》といい、のち義智と改めた。兄茂尚《しげひさ》・義純《よしずみ》のあとを承けて一五七九(天正七)年家督を継いだ。

文禄の役(一五九二〜九六年)で、義智は秀吉から先陣である第一軍の一部として兵五〇〇〇の動員を命じられたが、実際に動員できたのは牢人《ろうにん》の雇入れや小西行長からの援助▲を加えて二〇〇〇人ほどであった。第一軍の大将は行長であった。一五九二年四月十四日釜山《プサン》へ渡海、五月三日ソウルにはいった。その後行長とともに平安道《ピョンアンド》方面へ進み、六月十五日に平壌《ピョンヤン》にはいったが、一五九三(文禄二)年正月早々に明の提督李如松《りじょしょう》を総大将とする明・朝鮮軍の攻撃を受け、行長とともに平壌を撤退しソウルに戻った。この間、三次にわたる平壌の攻防戦では部下にかなりの戦死者をだした。離島の大名であった義智にとって、一〇〇〇人単位の軍勢を指揮することも、鉄砲を駆使する戦闘もはじめての経験であったが、諸将から賞賛される戦いぶりを示した。一五九三年三月ごろから本格化する日明間での講和交渉の期間▲、義智はみずからの軍勢を朝鮮半島の

▼**小西行長からの援助**　義智は小西行長の妹(一説に娘)を妻に迎えていた。

▼**講和交渉の期間**　一五九六(文禄五)年九月に講和のための工作が最終的に破綻するまで。

●—宗氏系図② 各当主の生没年や藩主在位期間については五三ページの表を参照。

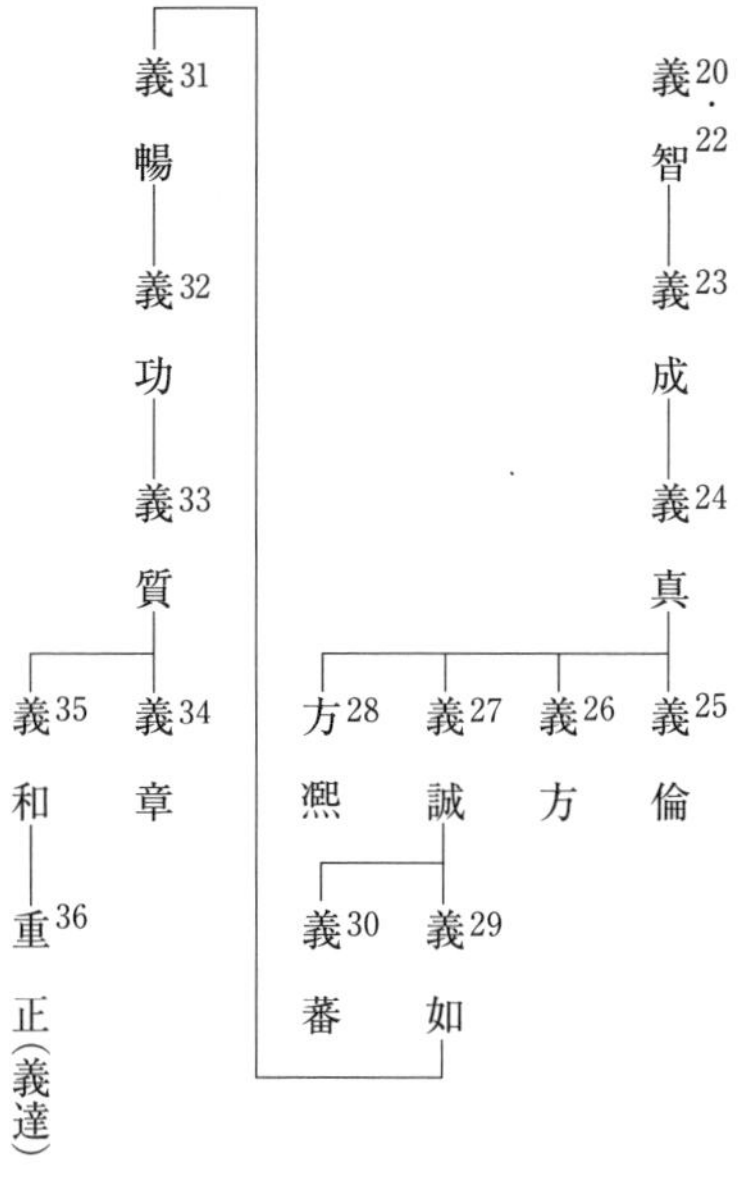

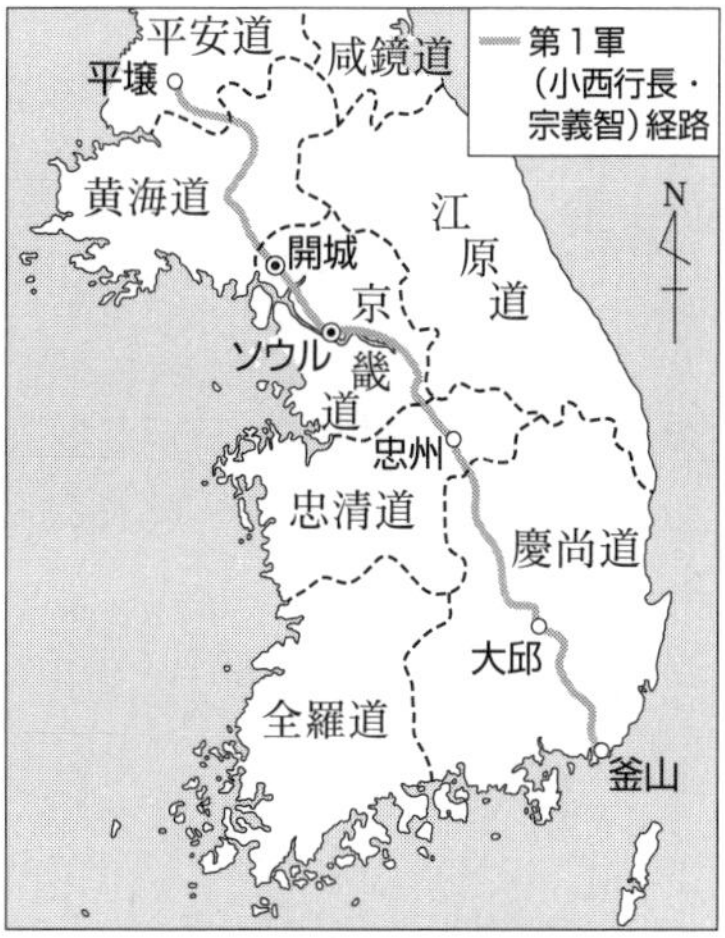

●—第一次朝鮮侵略関係略図

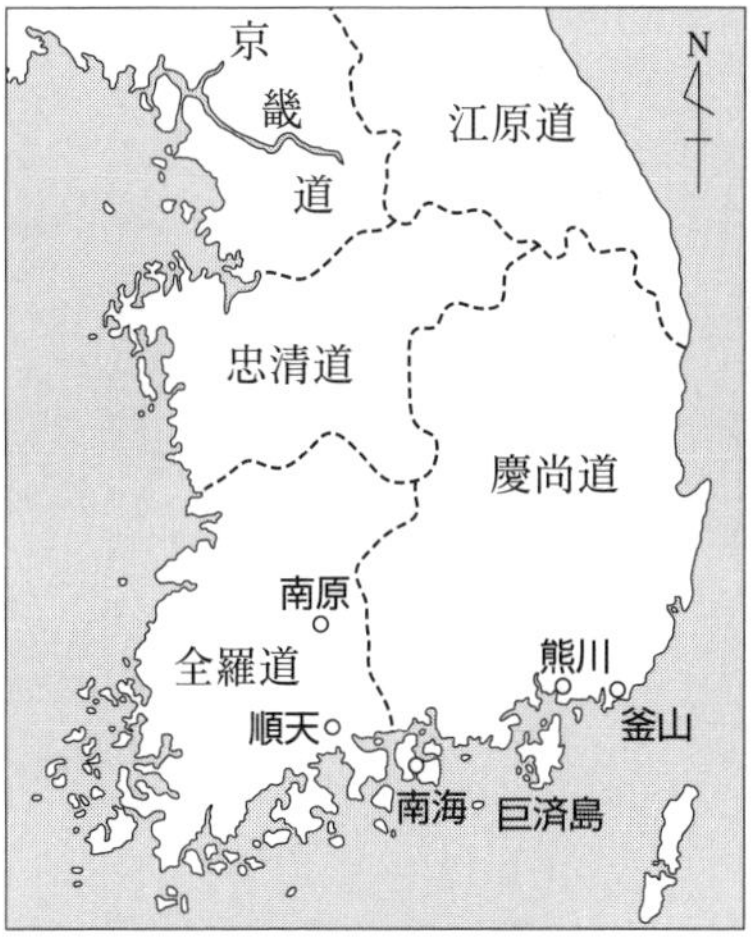

●—第二次朝鮮侵略関係略図

南辺に在陣させつつ、講和交渉の日本側中心人物であった行長と行動をともにすることが多かったようである。この間一五九三年五月には兵糧米として米一万石をあたえられ、また九五(文禄四)年四月には戦功を賞して薩摩《さつま》国出水《いずみ》郡内に領地一万石をあたえられている。

一五九七(慶長二)年からの慶長の役は、明への侵攻・征服をめざした文禄の役と違い、朝鮮半島南部を武力占領することが目的だったとされている。義智は兵一〇〇〇の動員を命じられ、まず熊川《ウンチョン》に駐屯し、ついで七月から八月にかけて巨済《コジェ》や南原《ナモン》での戦闘に参加、その後南海《ナメ》に駐屯した。一五九七年五月、秀吉は義智に巨済を知行地《ちぎょうち》としてあたえたが、翌年の撤退を待つまでもなくこの知行宛行《あてがい》は実質的な意味をもたなかった。

ところで、長期にわたるこの戦争のあいだ対馬の状況はどうだったろうか。そもそも、戦争開始によって対馬ではそれまでに築いていた朝鮮との通交貿易関係のすべてがとだえ、経済的基盤を半ば失った状況にあった。そのうえに対馬には軍勢の動員と各軍への通訳や道案内者提供が賦課され、さらに中継地としての役割も求められた。人口二万人弱と推定される当時の対馬にとって、働

▼五大老　徳川家康・前田利《まえだとし》家《いえ》・宇喜多秀家《うきたひでいえ》・上杉景勝《うえすぎかげかつ》・毛利《もうり》輝元《てるもと》。

▼五奉行　前田玄以《げんい》・浅野長《あさのなが》政《まさ》・増田長盛《ましたながもり》・石田三成・長束正《なつかまさ》家《いえ》。

き手の不足、食料の不足、竹木などの資材の乱伐により、島の荒廃が進んだ。

豊臣秀吉は一五九八年八月十八日に伏見城《ふしみ》で没し、あとを託された五大老《ごたいろう》▲と五奉行《ごぶぎょう》▲は、秀吉の死を秘したまま朝鮮半島に渡っていた諸将に対して明との講和交渉をまとめて撤退するよう命じた。実際には秀吉危篤の報は前線の軍まですみやかに伝わり、諸軍は個別に明軍との休戦を交渉して撤退をはかろうとしていた。小西行長の順天《スンチョン》城にいた宗義智は、九月末以降明・朝鮮軍と長期の攻防戦を戦うことになり、南海にいた柳川調信は十一月半ば島津勢に加わって順天救援に赴く途中、露梁《ノリャン》水道における朝鮮水軍との最後の戦いで多くの戦死者をだした。全軍が朝鮮を離れたのは十一月末のことであった。しかし領地へ帰ることを考えればよかった他の大名と宗氏とでは事情が違っていた。島民の生活基盤であり、宗氏の家臣団統制の要でもあった朝鮮貿易が断絶していたのである。一五九九(慶長四)年正月、五大老は連名で宗義智に対し、さきの薩摩国出水郡内一万石のかわりに、肥前国基肄《きい》・養父《やぶ》郡のうち一万三七石をあたえ、また同年六月にも米一万石をあたえた。秀吉死後の政治情勢が流動的なこの時期、交換とはいえ一大名に領地をあたえることは異例であり、それだけ対馬の疲弊が甚だしいことは衆目の一致するところだったのであろう。新しい領地は筑後《ちくご》川下流の穀倉地帯で、対馬藩ではここを田代《たしろ》領と呼び、江戸時代を通じて同藩の重要な領地となった。

朝鮮との関係復活への努力

疲弊した対馬としては朝鮮との貿易再開が急務であり、撤兵の翌年一五九九(慶長四)年には朝鮮に使者を送り、関係の復活を求める行動を開始した。当初朝鮮にはまだ明軍が駐屯しており、交渉の糸口すらつかめなかったが、一六〇一(慶長六)年ごろになると対馬からの働きかけに朝鮮側も反応を示すようになった。注目すべきは、一六〇〇(慶長五)年九月の関ヶ原《せきがはら》の戦い以前から、徳川《とくがわ》家康《いえやす》は宗氏に対して朝鮮との関係復活のため動くよう伝えていたと考えられることと、それが島津氏に対して明との関係を模索するように指示した動きと並行していたことである。

関ヶ原の戦いにおいて、宗氏は西軍《せいぐん》(大坂方)に属し、五島《ごとう》・松浦《まつら》・秋月《あきづき》・島津義弘《よしひろ》らの九州大名とともに大坂城に入城▲したが、美濃《みの》国関ヶ原での会戦には

▼**大坂城入城**　義智本人は対馬にいたとの説もある。

参加しなかった。ただ柳川調信の子景直《かげなお》▲らが石田三成《いしだみつなり》の陣に参加していたことを後日黒田長政《くろだながまさ》が家康に訴えたところ、それは三成に拘束されたためであると柳川調信が弁明して処分をまぬがれたというエピソードがある。ここからは、家康が朝鮮との関係復活を宗氏処分より優先させたと考えることもできる。

秀吉の戦争の戦後処理から近世の日朝関係が成立するまでには、対馬・徳川政権（一六〇三〈慶長八〉年二月から江戸幕府）・朝鮮政府それぞれの立場と思惑が交渉を左右する要素として交錯した。江戸時代の日朝関係は、この三者の思惑が重なったところに成立したといえるので、それについて整理しておきたい。

徳川政権にとって、秀吉が始めた戦争の後始末は武家政権の後継者としての立場を明らかにすることと結びついており、外交・貿易を掌握する▲ことは国内支配を固めるうえでも重要であった。家康は早い時期から対馬の宗氏や薩摩の島津氏に明との関係構築を模索させており、また関ケ原の戦いで西軍方に属した両氏を処分せずそのまま交渉にあたらせた。一六〇七（慶長十二）年に実現した朝鮮使節来日や一〇（同十五）年の琉球《りゅうきゅう》使節▲は、国内的には「御礼《おれい》の使者▲」といわれ、幕府の権威を高める面でも、諸大名動員の実績をつくる面でもきわめ

▼**柳川景直**　?〜一六一三年。のち智永《としなが》と改名。対馬藩の重臣だが幕府のもとにいることが多かった。

▼**外交・貿易の掌握**　家康は積極的に外国勢力に日本貿易を許可し、朱印船《しゅいんせん》制度によって国内から海外へでる貿易船の掌握をはかった。

▼**一六一〇年の琉球使節**　前年琉球は島津氏に武力征服され、国王尚寧《しょうねい》は島津氏に捕えられた。

▼**御礼の使者**　外国も幕府の中央政権としての正統性を認めていると国内では認識された。

▼**名分論**　儒教道徳で、身分や地位に応じて守るべき本分を重視する立場。

て効果的であった。

対馬にとって朝鮮との貿易再開はいうまでもなく死活問題であった。そのため、さきに送った使者が音信不通になってもつぎつぎに使者を送り、厳しい経済状況のなかで日本国内にいた朝鮮人捕虜を購入して送り返すなどの努力を続けた。しかし中世のように中央政権を無視して対馬単独で通交することは不可能だった。家康の第一の目的は明との関係を朝鮮に仲介させることにあったが、対馬では朝鮮から家康のもとへ使者を派遣させることをめざして交渉を進めた。ただしその過程で対馬は、両国政権の考えの差が表面化しないよう、家康書契《しょけい》の偽造や朝鮮から家康に宛てた書契の改ざんを行うことになった。

朝鮮政府の官人たちにとって、名分論▲からみれば日本は「不倶戴天《ふぐたいてん》の敵《てき》」「万《ばん》世必報《せいひっぽう》の讐《かたき》」であり、一部には対馬「征伐」の主張もあった。しかし現実問題として、明軍の駐留が続けば国家財政も国民生活も破綻することは明らかで、さりとて独力で日本に対する防備を固めることも困難であった。結局、明朝廷や駐留軍指揮官の意向をみながら、日本情勢の探索と日本との関係再開を進める方針になった。そこで対馬に対して、釜山仮倭館《かりわかん》の設置や非公式な貿易再開を認めるなどの恩典を示しながら、一定程度名分が立ち誠意▲が示されるならば日本との関係復活に応じてもよい、という態度をみせた。対馬を日本の他の部分と区別して扱うのは以前からの伝統であった。

明についていうならば、明側の秩序（冊封《さくほう》体制）に日本側が従わないかぎり日本との直接関係はありえないが、朝鮮と日本の和交は自国の安全保障・軍事費削減にも役立つので反対しないとの立場であったと考えられる。

もちろん、当事者たちが直接わかるのは日ごろ接する相手のことだけで、そのさきのことは間接的に推測するしかなかった。しかし全体のなかで対馬はもっとも状況がよくわかる位置にあり、徳川政権も朝鮮政府も交渉は対馬をとおして行うしかないと認識するようになっていたことは対馬にとって好都合であった。一六〇四（慶長九）年に朝鮮の僧惟政《ユジョン》▲（松雲《しょううん》大師）が日本の国情を探るために対馬を訪れたが、宗氏は惟政に家康とあうことを強く求め、翌年伏見で家康・秀忠《ひでただ》と会見させた。ついで一六〇七年には国王からの正式の使節団が来日し、江戸で秀忠、ついで駿府《すんぷ》で家康と会見した。これにより両国の関係が正式に回復したことになる。道中接待の豪華なことや多数の捕虜送還などは、徳川

▼**誠意**　家康からさきに手紙を送る、戦争中の犯罪人を縛送する、捕虜を送還する、など。

▼**惟政**　一五四四〜一六一〇年。倭乱中は僧軍を率いて日本軍と戦い、加藤清正《かとうきよまさ》とも交渉があった。

氏の権力を朝鮮側に印象づけることとなった。この関係で、徳川将軍と朝鮮国王は外交儀礼上対等の地位におかれることになり、朝鮮側ではこれを「交隣《こうりん》▲」と呼んだが、この語の意味は文字どおり「隣国と交わる」意味合いである。当時日本国内にも朝鮮国内にも相手を自分より下におこうとする考えはあったが、双方の主権者を対等な地位において安定的な関係をめざしたことで、そうした意見は抑えられた。

約条の成立まで

徳川幕府と朝鮮政府間での関係復活を受けて、一六〇九年には対馬と朝鮮とのあいだで協定が合意された。しかしこの協定はすんなりと合意されたわけではなかった。この交渉過程の概略を対馬の立場から再構成▲するとつぎのようになる。

・一六〇八(慶長十三)年、朝鮮の昭敬王《ソギョン》▲が薨去した。
・同年八月、柳川景直が幕府のもとから対馬に来て、「去年朝鮮が通信使を来日させたその返礼として近臣を朝鮮に派遣すべきだが、戦争後のことだか

▼**交隣**　隣国と交わる。上下の関係ではないが、「友好」とイコールでもなく、むしろ儒教的な礼にかなうことが重視された。

▼**再構成**　おもに松浦霞沼《まつらかしょう》『朝鮮通交大紀《つうこうたいき》』による。

▼**昭敬王**　宣祖《ソンジョ》。在位一五六七～一六〇八年。

ら、当面は対馬の使者にこちらの考えを伝えさせよう」と家康の意向を伝えたので、国王使《こくおうし》を派遣することになった。

・宗義智は家康の意向を礼曹《れいそう》に連絡するとともに、「国王の死去があり、まだ弔問の使者を派遣していないのに、さきに通信使に対する御礼の使者を派遣することは、礼を失するのではないか」という考えを伝えた。朝鮮には対馬からの使者はソウルにいかせないという考えがあったので、「国王(家康)の使者はまだ来ていないし、約条《やくじょう》もまだ定まっていないのに弔問の儀礼を行うことは適当ではない」といって承知しなかった。

・同年十一月、使者派遣に対する御礼の使いとして景轍玄蘇《けいてつげんそ》と柳川景直を朝鮮に渡らせた。『攷事撮要《こうじさつよう》』には、「日本の使者景轍玄蘇と平景直が書契をもって感謝のために来て、明に朝貢したいので朝鮮国内をとおらせてほしいといった。わが国は明軍の役所に報告した」とある。

・十二月、玄蘇と景直は釜山に着き、朝鮮は宣諭使《せんゆし》李志完《イシワン》を釜山に派遣し国書を受けとらせた。景直は「国王使、諸殿使《しょでんし》、対馬の使者は上京するのが古来からの例である」と主張したが、宣諭使李志完は、「国に大いなる恤《じゅつ》

▼**礼曹**　朝鮮で儀式や外交を管轄する役所。外交文書は礼曹とのやりとりになる。

▼**『攷事撮要』**　朝鮮の官人が知っておくべきことをまとめた一種のハンドブック。

▼**宣諭使**　朝廷の考えを使節に伝える(宣諭する)ため派遣される役人。

▼**諸殿使**　巨酋使《きょしゅうし》。九州・西国の有力大名からくる使者。

があり、明の命令はつぎつぎと来ている。現在、上官と副官（玄蘇と景直）が上京することは適当ではない」といって上京を許可しなかった。かつ訳《やく》官《かん》に「来年からは例のとおり上京が許可されるであろう」と約束をさせたので、玄蘇と景直は釜山で国書を渡し、釜山を倭館とすることと歳遣船《さいけんせん》を二〇隻とすることを約条した。また公貿易・開市《かいし》▲・求請《きゅうせい》などのことを相談して決定した。

これらの記事からは、当時の対馬が、⑴通信使への感謝の使者と⑵朝鮮国王（宣祖《ソンジョ》）死去に対する弔意の使者（ともに家康の意向を受けた使者＝日本国王使になる）派遣にからめて、⑶使者の上京再開と⑷明との関係の仲介要求の前進をはかろうとしたが、うまくいかなかったことがわかる。約条については、まず朝鮮側が案を示し、対馬としては内容に不満▲をもったが、正式の貿易関係再開を急ぐために妥協せざるをえなかったものである。この協定は成立年の干支《かんし》をとって己酉《きゆう》約条と呼ばれ、近世の対馬と朝鮮の関係の基本となった。

▼**開市**　私貿易。

▼**内容に不満**　とくに歳遣船数削減が問題となった。

己酉約条の内容と通交関係の特徴

己酉約条とはどのような内容であったのだろうか。左はその全文である。

送使《そうし》約条

1 一、倭館での接待には三つの種類▲がある。日本国王▲の使臣《ししん》が一例である。対馬島主特送《とくそう》が一例である。対馬島受職人《じゅしょくにん》が一例である。

2 一、日本国王の使臣がくるときには、ただ上使《じょうし》船と副使《ふくし》船を許可する。

3 一、対馬島の歳遣船は二〇隻。そのなかに特送船《とくそうせん》三隻をあわせて二〇隻である。うち大船は六隻、中・小船は各七隻。

4 一、対馬島主のもとに、歳賜《さいし》米・大豆あわせて一〇〇石《ソク》▲をあたえる。

5 一、受職人は年に一度来朝し、代理人を派遣することはできない。なお、戦争前の受職人は、処罰されないことを幸いとせよ。(資格復活について)今は取り上げない。

6 一、船には三段階ある。二五尺《チョク》▲以下を小船、二六〜二七尺を中船、二八〜三〇尺を大船とする。乗組員は大船四〇人、中船三〇人、小船二〇人を定数とする。もし人数が少なければ、それに応じて支給品を計算する。

▼**三つの種類**　対馬島主歳遣船はのちの箇条で具体的な言及があるから省略したのであろう。なおこののち対馬受図書人《じゅとしょにん》(景轍玄蘇や柳川氏など)が加わっている。

▼**日本国王**　徳川将軍の使者を想定している。

▼**石**　朝鮮の容積単位。日本の京枡で〇・六石《こく》弱。

▼**尺**　朝鮮の長さの単位。一尺は約三〇センチ。

一、[7]すべて派遣する船は、みな対馬島主の渡航証明書を受けたあとにくること。
一、[8]対馬島主のもとに、前例により図書《としょ》をつくってあたえる。どのような印であるかは紙に捺して礼曹と校書館《こうしょかん》に保管する。また釜山浦において、書契がくるたびに、その印の真偽を検査する。規定に反する船は帰らせる。
一、[9]渡航証明書のない者と釜山を経由しない者は賊とみなす。
一、[10]過海料は、対馬島人には五日分をあたえる。島主特送には五日分を加え、日本国王使には二〇日分を支給する。
一、[11]その他のことは、すべて前規によること。

この協定は朝鮮側が「送使」として接待を許可する事例や、図書・文引《ぶんいん》など対馬島主をとおした「送使」統制について規定していた。第一条では倭館で接待する対象を「日本国王使」「対馬島主特送」「対馬島受職人」の三種と規定している。「島主特送」は、本来は特別な用件がある際にだした船だが、すでに単に貿易額の多い船となっていたので歳遣船に組み込まれた。第三条は従来の約条（三〇

▼**渡航証明書**　対馬島主発行の証明書。文引や吹嘘《すいこ》と呼ばれる。

▼**図書**　ここでは島主の個人名（諱《いみな》）をきざんだ銅印。

▼**校書館**　印刷・刊行・印などをつかさどる政府の役所。

▼**前規**　以前の約条。

▼**特別な用件**　室町将軍からの依頼など。

艘）の制限強化、第二・四〜十一条は従来の規定の確認、第五条の後半は戦前の受職人の扱い（権利廃止）である。結局、己酉約条の通交者統制の枠組みは中世（朝鮮前期）と基本的に変わっておらず、貿易の区分も中世のそれを引き継ぎながら制限を強化した内容であった。

しかし、日本側の体制変化や朝鮮側の政策判断によって、近世の通交関係にはつぎのようにいくつかの重要な変化が生じた。江戸幕府の対外政策にかかわる部分や江戸時代にはいってから生じた変化については次章で述べることとして、ここでは日朝通交における宗氏・対馬（藩）の位置にしぼって整理しておこう。

(1)江戸幕府は室町幕府と異なり、朝鮮との交渉を宗氏（対馬藩）に委任し、みずから使者を送ろうとしなかった。そして、対馬による使節招聘《しょうへい》交渉が成功したので、他の大名は朝鮮との通交貿易に参入する機会を失った。のちになって、朝鮮との交渉は宗氏の幕府に対する「役《やく》」であり、貿易はその「役」を果たすための権益として認識されるようになった。

(2)他の地域の大名と同様、戦国時代までと比較して大名（宗氏）の家臣に対する権力はずっと強化された。これを藩の成立といってもよい。戦国時代の宗氏は歳遣船および種々の名義の通交権を家臣に分配していたが、江戸時代には通交権が藩(宗氏)のもとに一元化▲された。

(3)これらにより、日本側の通交者は対馬藩という単一の主体となった。対馬藩では、水木《すいもく》船▲・御米漕《おこめこぎ》船▲・飛船《ひせん》▲などさまざまな名目で釜山倭館とのあいだを往復する船をふやし、貿易額の実質的増加をめざした。

(4)朝鮮では秀吉の戦争の経験から日本人を国内にいれることを危険視し、ソウルまでの上京を禁止し、儀式はすべて倭館とその周辺で行われるようになった。このため、日本人と朝鮮人の接触は中世に比べ相当限定されることになり、その接触も、通信使来日や漂流民送還などの機会を除き、対馬藩がほぼ独占することになった。

▼**一元化**　ただし近世初期には柳川氏の独自通交があった。

▼**水木船・御米漕船・飛船**　順に、水や薪を運搬する船、米を運搬する船、連絡用の小舟。

③──「鎖国」と近世的日朝関係

「鎖国」の性格

②章でみたように、秀吉《ひでよし》の戦争で途絶した日朝《にっちょう》関係は、一六〇七年に朝鮮政府が江戸幕府の要請に応えて使節を日本に送ったことで一応復活し、その二年後の〇九年には対馬《つしま》・朝鮮間で己酉約条《きゆうやくじょう》が成立して、日朝貿易を正式に再開する態勢も整った。しかしこの段階ではまだ近世的な日朝関係が確立したとはいえない部分があった。復交交渉の過程で対馬は、江戸幕府・朝鮮政府間の矛盾が表面化しないよう中間で種々の工作を行っていたが、その事実は一六二〇年代から三〇年代にかけて起こった宗《そう》氏と柳川《やながわ》氏の争論の過程で明るみにでるところとなり、外交上いくつかの修正が行われることになったからである。

ここでまず、江戸時代の対外関係の特徴を示すとされる、いわゆる「鎖国《さこく》」と日朝外交・貿易との関係について考えておきたい。

徳川《とくがわ》政権~江戸幕府は、初め外国との貿易を積極的に行う政策をとっていたが、家康《いえやす》の晩年からは、キリスト教禁止や対外関係への統制を強めていった。

▼**鎖国令の呼称**　当時「鎖国」の語はまだなく、幕府自身も「鎖国令」といっていないので、便宜的な呼称である。

その過程では、つぎのような政策が打ち出された。
(1)幕領《ばくりょう》だけでなく大名《だいみょう》領も含めた全国的なキリスト教禁止。
(2)スペインと断交。
(3)日本人の海外渡航・帰国禁止。
(4)九州各地に来ていた中国船を長崎に集中させる。
(5)ポルトガル船の日本来航禁止。
とくに一六三三(寛永《かんえい》十)年から三九(同十六)年にかけて(3)〜(5)にかかわる指示が集中的にだされているが、これらがいわゆる寛永の鎖国令で、「第一次鎖国令」〜「第五次鎖国令」と呼ぶ場合もある。▲また、
(6)オランダ商館を肥前平戸《ひぜんひらど》から長崎に移転させる(一六四一〈寛永十八〉年)。
(7)「オランダ風説書《ふうせつがき》」「唐船《からぶね》風説書」の作成を始める(一六四〇年代前半から)。
も、一連の政策として加えることができるだろう。これら「鎖国」政策はキリスト教禁止の徹底と長崎での貿易統制を軸に展開していた。事実、「鎖国令」は直接関係のない諸藩には伝達されず、ポルトガル船の来航禁止とそれにともなう海岸防備強化だけが広く伝達された。したがって、

　江戸時代の鎖国体制下でも日本と朝鮮とのあいだには外交関係があった。

鎖国令によって日本人の海外渡航は禁止されていた。しかし対馬藩は釜山《プサン》にある屋敷（倭館《わかん》〈和館《わかん》〉▲）で貿易を行っていた。

このように述べるのは（とくに傍点箇所）、あまり正確ではない。「鎖国令」は対馬や日朝関係を直接に対象としたものではなかったのである。

　もちろん対馬藩が政局の動きからはずされていたのではない。幕府は大陸における女真人《じょしんじん》▲の動向に関する報告を期待していたし、一六三七〜三八（寛永十四〜十五）年の島原《しまばら》・天草一揆《あまくさいっき》の際には、島原・天草へ出陣せず国元の防備を固めるよう命じている。ポルトガルとの断交後には朝鮮経由での中国産品輸入の奨励を指示した。また、長崎を九州の大名動員や対外関係統制の拠点と位置づけたことにより、朝鮮への輸出品（東南アジア方面の産物）調達や漂流民の受渡しなどにかかわって長崎との関係が従来より重要になった。鹿児島藩や平戸藩のように、自分の領地で従来行っていた貿易▲を幕府に取り上げられる可能性がなかったとはいえないが、中国船やオランダ船との貿易が日本国内での貿易であったのに対し、朝鮮との貿易が相手国内において行われるものであったから、

▼**倭館（和館）**　設置者である朝鮮では倭館。対馬藩では「倭」の字をきらい通常和館と表記した。本文でも、対馬藩側からの記述の場合には、「和館」を使用した。

▼**女真人**　中国東北部にいたツングース系民族。一六三六年国号を清《しん》と改め、四四年明《みん》にかわって北京《ペキン》にはいった。

▼**従来行っていた貿易**　鹿児島藩は中国船との貿易、平戸藩はオランダ東インド会社との貿易。

▼書状の差出人　他の事例から推測すれば寺沢広高《てらさわひろたか》。

幕府としては寛大になれたのであろう。

対馬による中間での「国書」偽造・改ざん

徳川家康が早い時期から日明《にちみん》・日朝間の関係修復に関心をもち、宗氏に対してもなんらかの意思表示をしていたと考えられることはさきに述べた。その段階ではおそらく家康自身の書状はなく、家康の命を受けた誰か▲の書状、もしくはその誰かと宗義智《よしとし》連名の書状であり、また宛先も、朝鮮宛ではなく朝鮮に駐留する明の将官に宛てたものであったと推測される。家康は、その後幕府を開き将軍に任じられるまで、宗氏に対して公式に命令したり朝鮮国王に書状をだしたりする立場になく、将軍に就任した段階(一六〇三〈慶長《けいちょう》八〉年二月)ではすでに対馬と朝鮮のあいだの交渉が動きだしていたから、柳川調信《しげのぶ》・景直《かげなお》をとおして状況を聞きながら事態を見守るという立場であっただろう。

一方朝鮮は、さきに秀吉に通信使《つうしんし》を派遣した際の経験もあって、対馬がいう「朝鮮との和交は家康の意思」が、本当に家康の意思であるかどうかを疑問視していた。家康の書(国書《こくしょ》)の問題が具体化したのは、僧惟政《ユジョン》らが家康・秀忠《ひでただ》と会見して帰国したあとの一六〇六年、通信使派遣を要請する対馬の使者橘《たちばな》智正《としまさ》（井手弥六左衛門《いでやろくざえもん》）に対して、朝鮮側が条件として、家康の国王としての書（国書）をさきに送ることと「犯陵賊《はんりょうのぞく》」縛送を要求した段階であった。ただし、朝鮮は最初からさきに家康書状をださせることにこだわったのではなかった。これより前、朝鮮は智正に対し、家康の意思と日本国内での地位を確認するため、日本の「執政《しっせい》」宛礼曹《れいそう》書翰を携えた使者を日本に派遣する案を提示したが、智正が反対したため右の二条件になったとされる。朝鮮としては、慎重に日本情勢をみきわめたかったのであろう。しかし対馬としては、かねて「朝鮮との交渉はおまかせください」と幕府にいっていたのに、朝鮮から来た使者に「対馬がいっていることは真実ですか」などと幕府に質問されては面目丸つぶれである。「国書」「犯陵賊」条件のほうがまだ受け入れられると判断したのであろう。

　同年六月智正は対馬に帰り、十月末に再度釜山に渡って条件の品をもたらした。家康の国書は偽造であり、「犯陵賊」は対馬島内にいた犯罪人を仕立てたものだった。もちろん朝鮮ではこれらが偽りである可能性を考慮したが、日本との関係復活という安全保障面を優先し、名称を「回答兼刷還使《かいとうけんさっかんし》」として使節を派

▼**犯陵賊**　「倭乱」期間中に国王陵を荒らした犯人。

▼**偽造**　家康が宗氏に宛てた書状は存在した可能性がある。

▼**回答兼刷還使**　家康の国書に答え捕虜を帰国させる使節、の意。

遣することを決定した。しかしこの結果、対馬藩関係者は朝鮮国王から家康・秀忠に宛てた書翰を、返書の形から来書の形になおして幕府の手に渡るようにしなければならなくなった。以後も朝鮮から使節が来日するたびごとに、対馬藩関係者は交換書翰のすり替えや書換えを行うことが必要になった。

宗氏と柳川氏の争い

宗義調《よししげ》・義智が豊臣秀吉に服属して以来、柳川調信は時には中央政権の有力者の近くにいてその意向▲をくみとり、また時にはみずから朝鮮に渡って交渉にあたる役割をこなしていた。宗氏が近世大名として生き残るうえで柳川氏が大きな役割を果たしたことはまちがいなかった。しかし一六〇五(慶長十)年に柳川調信、一一(同十六)年に景轍玄蘇《けいてつげんそ》が没し、対馬は戦前から朝鮮との交渉を支えてきた二本柱を失うことになった。玄蘇は朝鮮と対馬とのあいだでやりとりされる漢文の外交文書作成・解読にあたるだけでなく、数々の交渉をとおして朝鮮側にも広く知られており、戦争中は宗義智や柳川調信とならんで「賊酋《ぞくしゅう》」の一人として首に賞金が懸けられていたほどである。彼らが戦前から戦後まで第

▼**中央政権の意向**　近世初期には大名の一族や有力家臣の一部が中央政権に直接仕えるケースが一般的にみられた。

一線で交渉にあたることができたのは、朝鮮からもそれだけ実力者として評価されていたからであろう。

ところが、調信の跡を継いで玄蘇とともに己酉約条成立に尽力した柳川景直が一六一三（慶長十八）年に没し、宗義智も一五（元和《げんな》元）年に世を去って、宗氏と柳川氏がともに代替わりすると、両者の関係が円滑にいかなくなってきた。それまで外交上の重要案件については、玄蘇＋調信、あるいは玄蘇＋景直の組合わせで正使・副使となって朝鮮での交渉にあたる例だったが、柳川氏の当主となった柳川調興《しげおき》▲は駿府《すんぷ》・江戸を離れず、宗氏の新しい当主である宗義成《よしなり》▲に対して非協力的な態度をとりはじめた。しかし、二代にわたり交渉の第一線に立ってきたことや、中央政権と密接な関係をもっているとみられたことから、朝鮮側の柳川氏に対する評価は宗氏以上に高いものがあった。景轍玄蘇の跡は弟子であった規伯玄方《きはくげんぽう》▲が継ぎ、幕命にかかわる重要な案件に際しては、玄方が正使、井手（橘）智正・宗智順《としまさ》▲・杉村智広《すぎむらとしひろ》など対馬にいる重臣が副使をつとめるようになったが、朝鮮との通交窓口が二元化しかねない状況であった。

一六三一（寛永八）年になり、柳川調興は宗義成に対して、宗氏からあたえら

▼**柳川調興**　一六〇三～八四年。景直（智永）の子。配流《はいる》先の弘前で没。

▼**宗義成**　一六〇四～五七年。義智の子。

▼**規伯玄方**　一五八八～一六六一年。以酊庵住持。盛岡に流されたが一六五八（万治元）年赦免。

▼**宗智順**　?～一六三七年。義智の兄義純《よしずみ》の子。杉村智広の岳父。配流先の最上《もがみ》で没。

れた知行《ちぎょう》と貿易船の権利とを返上したいと申し出た。ただし単純な返上ではなく、⑴一六〇五年に宗義智が幕府から二八〇〇石の加増を受けた際、家康の意向で景直に分与された一〇〇〇石は家光《いえみつ》からも確認されており幕府から受けた知行、⑵受図書人《じゅとしょにん》の資格は朝鮮政府から認められた権利である。したがってこれら⑴⑵は自家に留保されるべきものだと主張したのである。すなわち、宗氏との主従関係を否定して幕府直参《じきさん》化したいという意思表明であった。義成がこれを拒否したため両者は争論となり、審理は江戸幕府にもちこまれた。

この宗氏と柳川氏の争論を総称して柳川一件《いっけん》というが、義成は調興が「君臣の道」にはずれる者であることを訴え、それに対して調興は、義成が幕府に無断で「日本国王使《こくおうし》」（将軍名義の使節）を朝鮮に派遣していたと訴えた。この審理の過程で、国書の改ざんや偽造を繰り返し行っていたことも明るみにでた。審理の中心になったのは国書改ざんと「日本国王使」派遣であった。一六三五（寛永十二）年にくだされた裁決では、調興は流罪《るざい》（弘前《ひろさき》藩へお預け）となり、義成は処罰されなかったが、義成方の規伯玄方は盛岡藩へお預け、宗智順は新庄《しんじょう》藩へお預け▲となった。もっとも重い処罰を受けたのは印鑑や書状偽造の実行犯で

▼**お預け**　玄方や宗智順が処罰されたのは「日本国王使」の正使や副使をつとめたからであろう。

あった柳川氏家臣の島川内匠《しまかわたくみ》や松尾智保《まつおとしやす》で死罪となった。この事件については、幕府内に広い人脈をもつ調興方の勝利を予測する者もあり、また君臣の全面対決という性質から、喧嘩両成敗《けんかりょうせいばい》(両者改易《かいえき》)となっても不思議ではない状況であった。そうしたなかで宗氏存続の判断が示された背景には、義成が朝鮮使節の招聘や女真人事情の探索などで幕府の要請に応える一定の実績をあげており、その実績を前提に、幕府としては日朝関係の大きな改変につながるリスクがより少なく、また君臣間の秩序を重視する当時の一般方針とも合致する選択をしたといえるであろう。

近世的な枠組みの整備

柳川一件のあと、日朝関係にはいくつかの点で改変が加えられ、近世的な枠組みが整備された。そのうち両国間の外交上で重要なものが、(1)外交文書における大君《たいくん》号の使用、(2)以酊庵輪番《いていあんりんばん》僧制度の開始、(3)「日本国王使」が否定され、通信使派遣など幕府にかかわる事柄では幕府の命を受けて宗氏が要請を行う形(参判使《さんぱんし》▲)になったことである。朝鮮側での使節の位置付けも、それまでの回答

▼**参判使**　六三ページ頭注参照。

兼刷還使から通信使▲へと変更になった。なお次章で述べるように、変更は歳遣《さいけん》船《せん》の使者派遣方法や貿易の決済方法など対馬・朝鮮間の事柄にもおよんだ。

日本国大君号

幕初以来、徳川将軍（あるいは前将軍）から朝鮮国王に宛てた書翰では、自称は「日本国源某」と肩書きなしで書き、相手には「朝鮮国王」と呼びかけていた。一方、朝鮮国王が徳川氏に宛てた書翰では、「朝鮮国王李某」と自称し、相手には「日本国王」と呼びかけていた。対馬では徳川氏から朝鮮国王に宛てた書翰に「日本国王」などの肩書きをつけ加え、朝鮮側の形式にあわせていたのである。ただし幕府も、朝鮮からの書翰に「日本国王」と書かれることはとくに問題としていなかった。

国書の改ざんやすり替えが明るみにでたことを機に、幕府は改めて書翰上の自称・呼びかけ称号を検討する必要に迫られた。そこで幕府が採用したのが「大君」▲であった。ただし、徳川将軍がだす書翰の自称は「日本国源某」とし、「大君」は朝鮮からの呼びかけにのみ使われる称号であった。おそらく幕府には対外的に「国王」を称したくないという意識があり、またできれば呼びかけでも

▼**通信使**　文字どおり「信を通じる」（君主間の書状交換）ための使節という位置付けである。

▼**大君**　この称号は幕府に仕えていた儒者《じゅしゃ》林羅山が提示したと伝えられるが、決定主体はあくまで将軍家光と幕閣であり、羅山は知識を提供する役割にとどまっていたと考えられる。

「国王」は避けたかったので、適当な呼びかけ用の称号を求めるなかで「大君」に落ち着いたということであろう。自称の肩書きにこだわらなかったのも、「大君」が当時それほど積極的な意味をもつものではなかったことを暗示する。しかし「大君」は、のちに琉球とのあいだでも使われ、幕末期には徳川将軍の対外的な称号として欧米諸国に定着することになった。

以酊庵輪番制

日朝間の往復書翰を「書契《しょけい》」と呼ぶが、これはすべて漢文体で、作成や解読には高度な漢文能力が求められた。この任は従来宗氏に請われて対馬に渡った景轍玄蘇や規伯玄方など臨済宗《りんざいしゅう》の禅僧《ぜんそう》がつとめてきたが、柳川一件によって玄方が処罰され、対馬には専門家がいなくなった。宗義成は幕府に玄方のかわりとなる者の手当を要請したが、当時の日本ではそのような存在は高い学識をもつ一部の禅僧に求めるしかなかった。そこで幕府は、以心崇伝《いしんすうでん》▲と関わりが深かった京都五山から南禅寺《なんぜんじ》を除く四寺の高僧(碩学衆《せきがくしゅう》)に一〜三年任期でこの役目をつとめさせることとした。輪番僧の対馬での居所には玄蘇や玄方が居住していた以酊庵があてられたので、この制度は以酊庵輪番制と呼ばれる。幕府が対馬

▼**以心崇伝**　一五六九〜一六三三年。臨済宗南禅寺の僧。幕府に仕え宗教政策や外交文書作成にかかわった。

藩を監視するために導入したものではなかったが、間接的に対馬藩の恣意《しい》的な動きを制限する役割を果たした。

寛永十三年通信使

柳川一件を裁決したとき、幕府は宗義成に対して今年もしくは明年中に朝鮮から使節を来日させるよう命じた。これは、義成の外交能力を試し、変更を加えた日朝関係がうまく機能するかどうかを確認する意味合いをもっていた。朝鮮政府にとって、形式のうえでは徳川将軍の書翰に対する返礼目的ではない使節を日本に送るのは、江戸幕府が成立して以来はじめてのことであったが、使節の名称を通信使として派遣することに決定した。朝鮮と女真人とのあいだでは緊張▲が高まっており、すでに一定程度確立している日本との関係はできるだけ穏便にしておきたいというのが、当時の実情だったと考えられる。外交文書の書式変更、はじめて来聘御用掛となった林羅山《はやしらざん》▲の「朱子学《しゅしがく》の本場」朝鮮に対する気負い、日本に着いたあとで幕府がもちだした日光東照宮《にっこうとうしょうぐう》参詣問題など、宗義成と対馬藩にとっては難題の連続であったが、これらを乗り切ることで日朝関係における宗氏の立場は確実なものになった。

▼**緊張関係**　一六三六年には朝鮮国王が清軍に捕われる事件が起きた(朝鮮史でいう丙子胡乱《へいしこらん》)。

▼**林羅山**　一五八三〜一六五七年。建仁寺《けんにんじ》で修行ののち儒者となり、幕府に仕えて文書作成や文化事業にあたった。

④—藩と貿易の体制

対馬藩の姿

②章・③章では近世的な日朝《にっちょう》関係が成立するまでの流れを中心にみてきた。ここでは、対馬藩《つしまはん》とはどのような藩だったか、藩のプロフィールや、同藩の特徴である日朝外交や貿易との関わりを中心にみていくことにしたい。

居城は対馬国府中《ふちゅう》（一八六九〈明治二〉年に厳原《いづはら》と改称）で、対馬府中藩、厳原藩ということもある。江戸時代には対州《たいしゅう》殿（対州様、対州侯）とも呼ばれた。江戸幕府との間柄でいえば、宗《そう》氏は領地の中心部分を戦国時代までに自力で確保し、関ヶ原《せきがはら》の戦いでも西軍《せいぐん》についたので、外様大名《とざまだいみょう》である。藩主宗氏は①章で述べたように清盛流平姓《きよもりりゅうへいせい》を称した。同じ一族の支藩はない。

藩主宗氏は慣例として従四位下《じゅしいのげ》・侍従《じじゅう》▲に叙任されて対馬守《つしまのかみ》を名乗った。豊臣《とよとみ》秀吉《ひでよし》の時代、宗氏は羽柴《はしば》姓をあたえられており、宗義智《よしとし》は史料上「羽柴対馬侍従」としてあらわれることもあったが、江戸時代に松平《まつだいら》姓を称することはなかった。「対馬守」という名乗り▲は対馬を領有する大名にふさわしく、朝鮮に宛て

▼**侍従**　侍従以上にまでのぼる大名は全体のなかで少数であった。

▼**名乗り**　本来は朝廷の官職であるが当時の武家の意識ではむしろ名前に近い。

●—金石《きんせき》城跡の復元門

▼『武鑑』　大名や幕府主要役職就任者の一覧。

▼有名大名や公家　藩主予定者ではなかった義誠《よしのぶ》・方熈《みちひろ》・義蕃《よししげ》などは正室が家中《かちゅう》の娘である。

た書状で「対馬州太守」と書く根拠にもなっていたが、実際には他の大名家もしばしば「対馬守」を使用していた。江戸城での詰間《つめのま》は大広間詰《おおひろまづめ》。これらからみると、幕府との関係では、おおむね国持《くにもち》大名に準じる格式で扱われていた。幕府への献上は一六七八(延宝《えんぽう》六)年以後一〇万石以上の格式になったと伝え、民間の出版社が幕府の承認をえたうえで出版していた『武鑑《ぶかん》』▲では、対馬藩を当初「二万石格」、九九(元禄《げんろく》十二)年から「十万石以上格」と記載した。藩の財政が苦しくなって以後も「十万石以上格」が表立って変更されることはなかった。

江戸時代歴代の藩主一覧を次ページ表に示した。藩主(後見《こうけん》の期間を含む)の位置にあった期間の長さでは、第二代義成《よしなり》と第三代義真《よしざね》がめだっている。義成の治世は前章で述べた「柳川一件《やながわいっけん》」を挟み、近世的な枠組みが固まってくる時期であり、また義真の治世は、藩制整備のうえで重要な時期であり、日朝貿易がもっとも盛んな時期でもあった。なお表中義功《よしかつ》を名乗る藩主が二人いるが、これは御目見《おめみえ》以前に国元で死去したため、内々に幕閣の意向を確認したうえで弟を身代わりに立てたものである。したがって、公式の家譜《かふ》では両者は一人(一代)として扱われる。各藩主の正室をみると有名大名や公家《くげ》▲から迎えている例

●──対馬藩歴代藩主

	実名	生 没 年	藩主在位年	幼名・初名など	父	先代との続柄	正　　室
1	義智《よしとし》	1568～1615	1588～1615*	彦三郎，彦七，昭景	将盛	弟	小西行長娘，離縁後藩士河村氏娘
2	義成《よしなり》	1604～57	1615～57	彦七郎，彦三，貞光	義智	子	日野資勝娘
3	義真《よしざね》	1639～1702	1657～92，94～1701**	彦満《ひこみつ》	義成	子	丸亀藩主京極高知娘(津藩主藤堂高久養女)
4	義倫《よしつぐ》	1671～94	1692～94	右京，義竜	義真	子	新発田藩主溝口重雄娘
5	義方《よしみち》	1684～1718	1694～1718	村岡次郎，根緒《ねお》次郎，真《さね》氏	義真	弟	久留米藩主有馬頼元娘
6	義誠《よしのぶ》	1692～1730	1718～30	氏江《うじえ》増之介，式部，方誠《みちのぶ》	義真	弟	藩士樋口氏娘
7	方熈《みちひろ》	1696～1759	1731～32	樋口竹寿，主馬《しゅめ》	義真	弟	藩士樋口氏娘
8	義如《よしゆき》	1716～52	1732～52	氏江弥一	義誠	甥	熊本藩主細川宣紀娘
9	義蕃《よししげ》	1717～75	1752～62	氏江浅之允，主水《もんど》，如苗《ゆきなえ》	義誠	弟	藩士古川氏娘
10	義暢《よしなが》	1741～78	1762～78	直丸，槌之《つちの》介《すけ》，直之介，真孫如資《さねつぐゆきすけ》	義如	甥	高松藩主松平頼恭娘
11	義功《よしかつ》	1771～85	1778～85	猪三郎	義暢	子	—
	義功	1773～1813	1785～1812	富寿(猪三郎)	義暢	弟	大炊御門経久姉(右大臣家高娘)
12	義質《よしただ》	1799～1838	1812～38	岩千代，功《かつ》茂《しげ》	義功	子	富山藩主前田利謙娘
13	義章《よしあや》	1817～42	1839～42	彦満，右京大夫	義質	子	萩藩主毛利斉熙娘
14	義和《よしより》	1818～90	1842～62	暢孫《ながつぐ》兵次郎，樋口兵次郎，兵部，章貞《あやさだ》	義質	弟	広島藩主浅野斉賢娘
15	義達《よしあき》	1847～1902	1862～72	善《よし》之允，維新後重正	義和	子	佐賀藩主鍋島直正養女(蓮池藩主鍋島直與娘)

* 義智は1579～87年のあいだも当主。いったん宗義調に譲位後，義調死去にともない復帰。
** 義真の1694～1701年は藩主幼少につき後見と朝鮮関係の役儀を命じられていた。

『宗氏家譜略』『寛政重修諸家譜』による。

が多く、当時の家格意識を知ることができる。跡継ぎとなった者はすべて男系の親—子、兄—弟、叔父—甥などの血縁▲で選ばれており、他家から養子ではいった例はない。明治以後の華族《かぞく》制度では伯爵《はくしゃく》に列した。藩主の下には数人の家《か》老《ろう》▲がおかれ、馬廻《うままわり》(上士)のうち二六〇石以上の者が就任した。とくに杉村《すぎむら》・平《ひら》田《た》・古川《ふるかわ》は三家と呼ばれ原則として代々家老職に就く家で、家老に就任した場合にも先任者を超えて上座《じょうざ》とされた。家老の担当を「支配」といい、財政担当は「勝手向《かってむき》支配」、朝鮮関係担当は「朝鮮支配」、農村担当は「御郡《おこおり》支配」などと称した。

所領《しょりょう》は対馬国一円のほか、肥前《ひぜん》国基肄《きい》郡・養父《やぶ》郡の一部(藩内では田代《たしろ》領と呼称)一万三四〇〇石▲である。対馬では石高《こくだか》表示を用いた検地が行われなかったため石盛《こくもり》がなく、藩の石高(表高《おもてだか》)は公式には存在しなかった。一般に対馬一島は二万石程度とみなされていたが、その妥当性をみるために諸書や史料にある数字をまとめると、次ページ上の表に示したようになる。生産力水準が低い対馬では税率が低かったので、麦の生産高は二万四〇〇〇石程度であろう。他の地域とあわせるために麦：米＝二：一で換算すれば、表のC欄のように米一万

▼**血縁**　村岡《むらおか》・根緒《ねお》・氏江《うじえ》など宗氏の一族が家臣にくだった場合に使う特有の名字があった。

▼**家老**　対馬藩では連判職《れんばんしょく》といった。

▼**一万三四〇〇石**　近世前期には若干の変動がある。近世中期以降の数字。

●─対馬の年貢高と計算上の石高

A　年　代	B　記　　事	C　計算上の石高*	D　典　　拠
1638年	麦物成　6,273石５斗	12,547石	寛永十五年日々記
1646年	籾麦物成 6,269石725	12,539石	元禄国絵図附属書類
1661～72年ごろ	麦物成　6,718石16756	13,436石	万要覚書
1698年	籾麦物成 6,324石９斗	12,649石	元禄国絵図附属書類
1687～1703年ごろ	麦収穫高 23,000石 米収穫高 3,000石**	14,500石 13,000石**	対馬紀略
1772年	麦物成　5,706石２ 米物成　1,282石６	16,542石	普請役佐久間甚八報告
1830年ごろ	麦物成　5,103石45	10,206石	寛政年御入目近年之御入目差引増減目録
1861年	籾麦収穫33,200石＝現石16,600石相当	16,600石	外国奉行野々山丹後守報告

*「計算上の石高」では石未満は切り捨てた。

**3,000石が現石であれば145,000石，籾高であれば13,000石になる。

計算方法：⑴籾麦物成（籾殻をつけた状態での容積）は6,000石前後。⑵標準年貢率が25%であることから，籾麦の生産高は23,000～33,000石。⑶麦２石＝米１石で換算。

●─対馬藩の家臣団数

年　　代	藩士合計	府　　士	給人・足軽	典　　拠
1657年		404～454人		対馬要略
1659年		432人（うち上士77人，中下士355人）		被仰出
1662年		400人		対馬紀略
1687～1703年ごろ		670人（うち上士170人，中下士各250人）		財用問答
1687～1703年ごろ			給人271人 足軽87人	長崎県史
1699年		990人		対馬紀略
1700年			給人258人 足軽73人	猪鹿追詰覚書
1710年			給人269人 足軽91人	鉄炮格式僉議条目
1772年	1,177人	761人	給人318人 足軽98人	普請役佐久間甚八報告
1772年以後		770人		対馬要略

〜一万七〇〇〇石相当となる。このほかに給人《きゅうにん》領▲があるので、対馬一島「二万石」は、おおむね適切な数字といえよう。

肥前田代領は秀吉からあたえられた薩摩《さつま》国出水《いずみ》郡内一万石が一五九九（慶長《けいちょう》四）年に替地《かえち》▲となった部分である。一六〇五（慶長十）年僧惟政《ユジョン》らを会見させた功績により徳川家康《とくがわいえやす》から二八〇〇石が加増された。一六三五（寛永《かんえい》十二）年柳川一件により柳川氏分の一〇〇〇石が幕府に収公されたが、一七一一（正徳《しょうとく》元）年それが一五六五石となって宗氏に還付され、合計で一万三四〇〇石となった。

一八一八（文政《ぶんせい》元）年になり、文化度通信使《ぶんかどつうしんし》を成功させた功績により、筑前《ちくぜん》国怡土《いと》郡・肥前国松浦《まつら》郡のうち一万六〇〇〇石と下野《しもつけ》国安蘇《あそ》郡・都賀《つが》郡のうち四二〇二石、計約二万石の所領▲があたえられた。藩内ではこれを「両郡《りょうぐん》」「野州《やしゅう》領」と呼称したが、表高が多いにもかかわらず、実際の年貢収入は田代領より少なかった。したがって江戸時代末期の対馬藩の領地は、対馬一島＋田代領一万三四〇〇石＋両郡一万六〇〇〇石＋野州領四二〇二石、すなわち対馬＋三万三六〇二石▲となる。なお明治維新以後には、他藩同様所領の変動があった。

▼**給人**　八郷給人。次項参照。

▼**替地**　当時は一万三七石。

▼**二万石の所領**　公式の加増ではなく、幕府も対馬藩も「御手当《おてあて》地《ち》」と呼んだ。

▼**三万三六〇二石**　対馬を二万石とすれば五万三六〇二石。

藩士と各地の屋敷

藩士は府士《ふし》と八郷《はちごう》▲給人・足軽《あしがる》に大別されていた。府士は城下町《じょうかまち》である府中に居住する武士で、藩から俸禄《ほうろく》を受けた。大身《たいしん》の家臣では例外的に一部を知行所として指定されることがあった。平時に藩の役職に就くのは基本的には府士であった。府士には馬廻(上)・大小姓《おおごしょう》(中)・徒士《かち》(下)の三階層があり、禄高七〇石以上が馬廻であった。ただし他藩との釣合いで表向きの禄高を引き上げた感があり、禄高の割に実収入は少なかった。釜山《プサン》和館《わかん》(倭館)での勤務は慢性的な俸禄不足を補う意味合いをもっており、多くの藩士にその機会がまわるよう考慮されていた。和館勤務者は自分の費用で貿易を行うことができ、それは藩の貿易の支障にもなっていたが、藩士の家計を考え全面的に禁止できないジレンマがあった。十七世紀から十八世紀にかけての藩士数をまとめると五五ページ下の表のようになる。出典史料の数字の性格が一様ではないため単純な比較はできないが、十七世紀後半に府士の数が大幅に増えていることがわかる。

八郷給人は対馬の農村部に居住して自分の領地を支配し、そこからの収入で生活した。対馬独自の土地生産力表示方式である間高制《けんだかせい》▲のため、給人の知行高

▼**八郷**　対馬のうち府中城下以外の農村部をさす。

▼**間高制**　焼畑が多い実情にあわせ蒔種分を引いた純収穫が麦二二石八斗に相当する土地を一間とあらわした。一間は四尺、一尺は一〇寸。

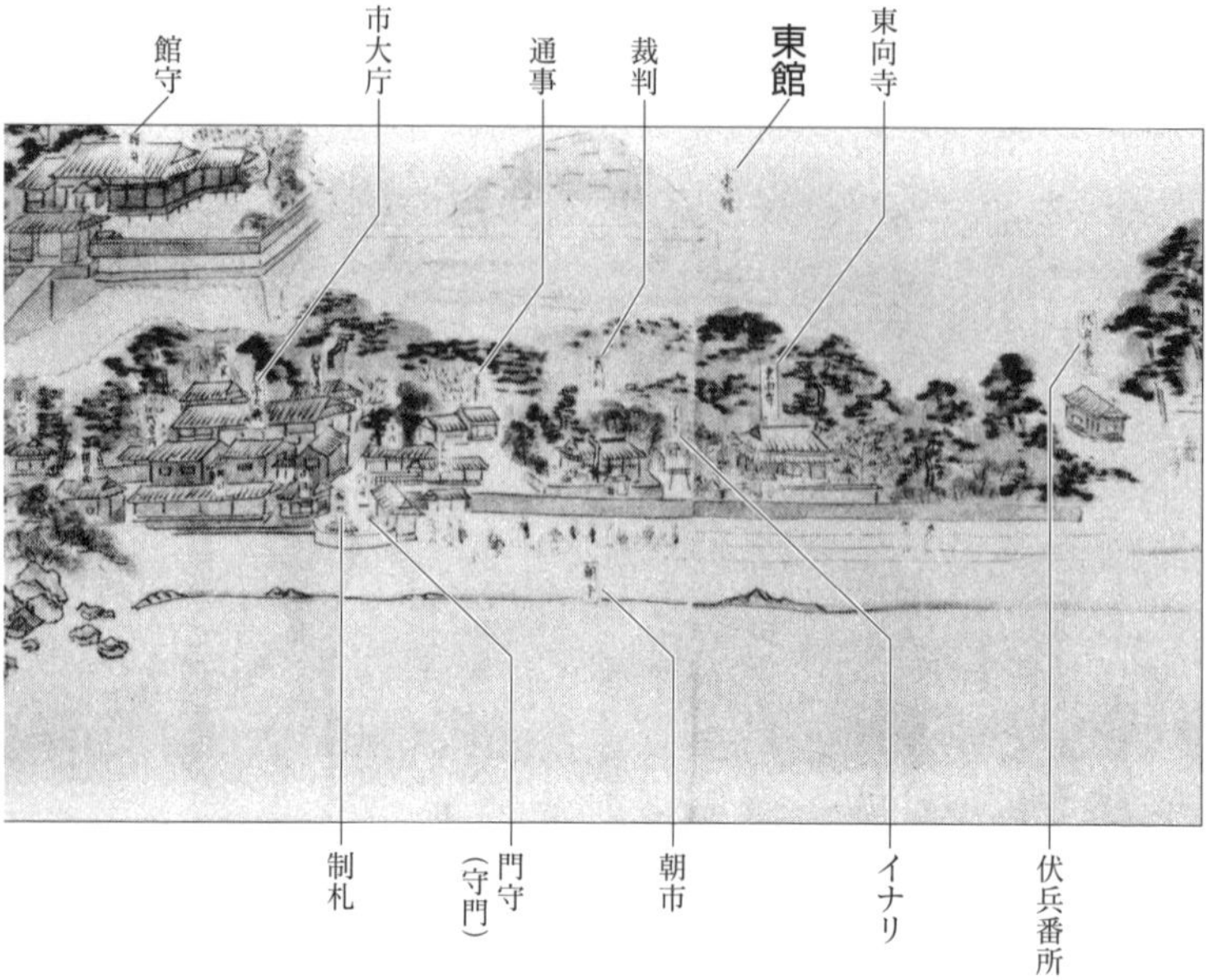
東向寺
東館
裁判
通事
市大庁
館守
伏兵番所
イナリ
朝市
門守（守門）
制札

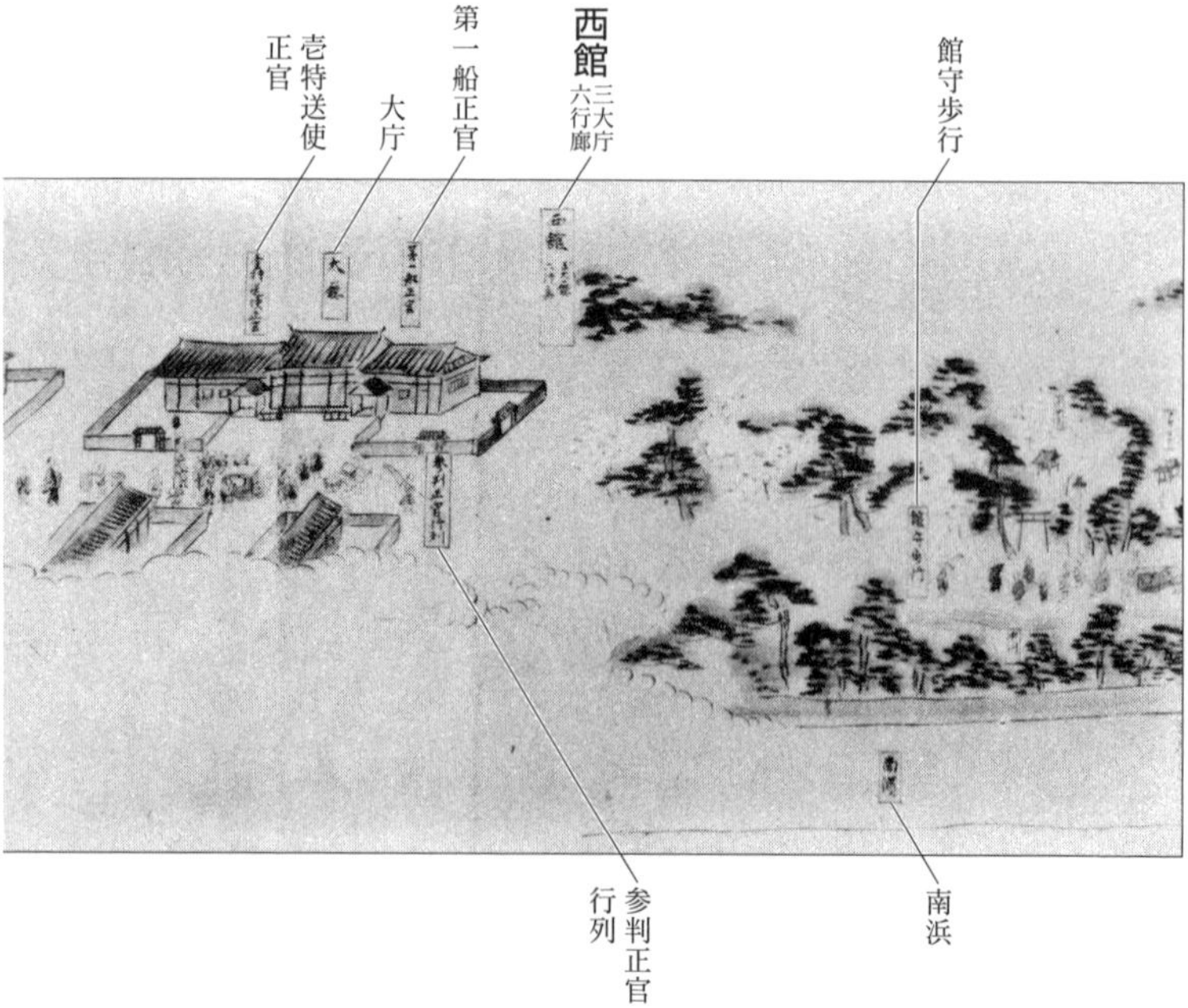
館守歩行
西館
三大庁
六行廊
第一船正官
大庁
壱特送使正官
南浜
参判正官行列

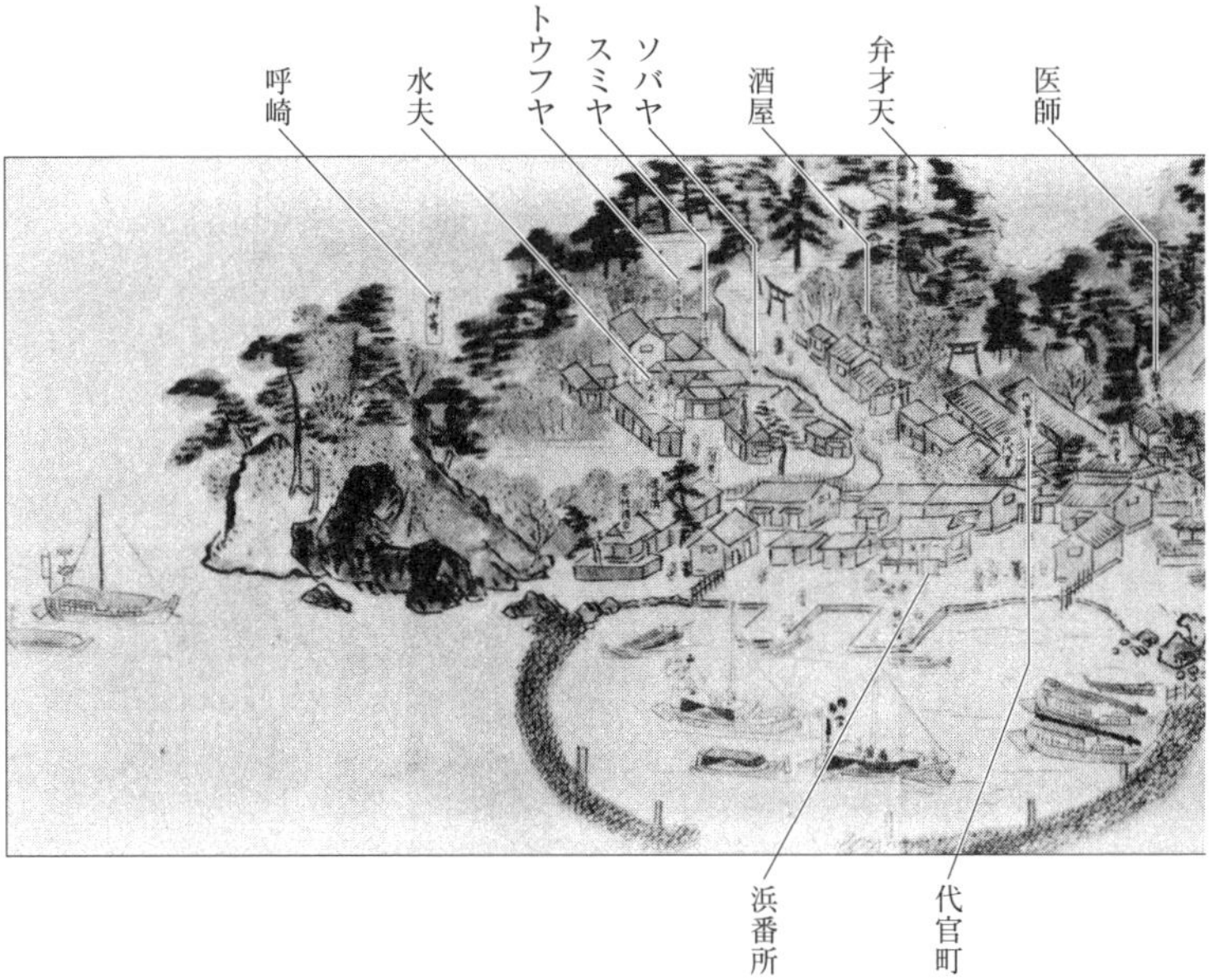

●──倭館内（東館）のようす（「釜山浦倭館絵図」より）

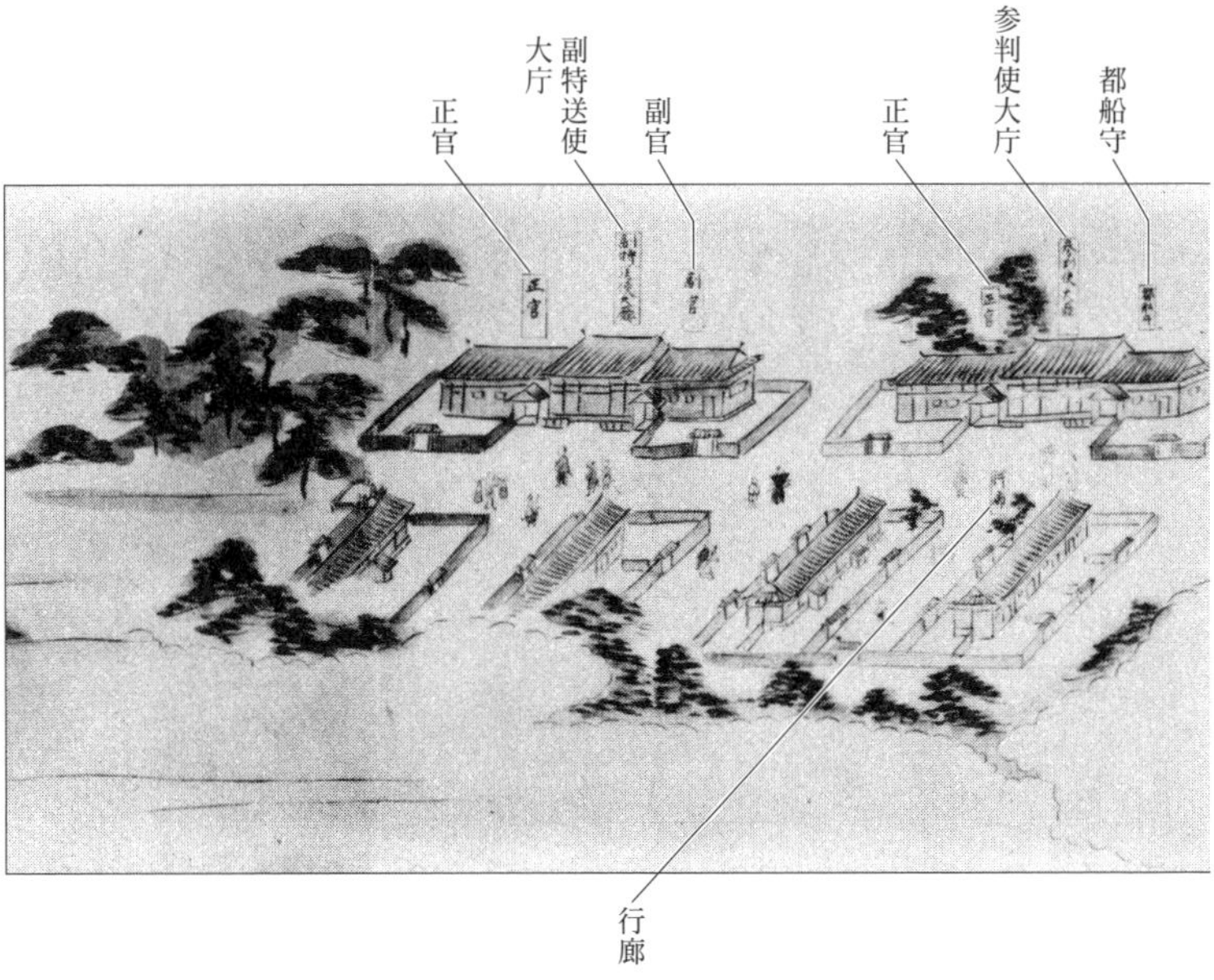

●──倭館内（西館）のようす（「釜山浦倭館絵図」より）

も間尺寸《けんしゃくすん》で表示した。給人には必要に応じて藩から各種の動員がかけられるほか、規定の上納金をおさめる義務があった。府士・給人の別が固まったのは一六六〇年代で、中世以来の有力武士が給人として農村にとどまった例や、足軽や農民身分▲として暮す例もあった。

藩の出先役所としては、江戸に藩邸、大坂に蔵屋敷《くらやしき》があるのは諸藩と同じである。藩主の参勤交代をはじめとして、国元〜大坂間の移動は通常船を利用した。その他京都・博多・長崎・壱岐《いき》勝本《かつもと》などにも施設があった。そして対馬藩の最大の特徴は、釜山和館（倭館）という、「異国」での施設をもっていたことである。倭館の起源は十五世紀初め、朝鮮政府が日本人の来航を薺浦《チェポ》（乃而浦《ネイポ》）・釜山浦（富山浦）・塩浦《ユンポ》の三浦《さんぽ》に限定しそれぞれに倭館をおいたことにさかのぼる。通交者統制のため朝鮮政府が政策的に設けた施設という性格から、土地借料は徴収せず、館舎の建築・維持も規定の範囲内で朝鮮側が負担した。

江戸時代になると、朝鮮では日本人を内地にいれない方針をとり、倭館周辺住民と倭館内の接触に対する規制も強化したため、朝鮮からみた場合、日本との外交・貿易の窓口▲イコール倭館となった。対馬藩の側からみれば、和館滞在

▼**足軽や農民身分**　幕末〜明治初期には藩への献金により農民から足軽、足軽から給人へと身分上昇を果たす者が出現した。

▼**外交・貿易の窓口**　一部の儀礼は倭館周辺にある朝鮮側施設でも行われた。

▼草梁和館　扉写真参照。

●—草梁和館の位置

者は原則としてすべて藩の命令もしくは許可を受けた者となり、和館は藩の出先役所のようになった。一六七八年に完成した草梁《チョリャン》和館▲は、当時の釜山中心部からずっと南へ移動することと引替えに約三三万平方メートルという広大な面積をあたえられた。台形の広大な敷地や海に鍬形《くわがた》状に張りだした防波堤、丘の東西に分かれて立ちならぶ建物群など、絵画資料から形成される近世和館のイメージは草梁時代のものである。江戸時代の和館には、常駐する者と使者として一時的に滞在する者とをあわせて、五〇〇〜一〇〇〇人ほどが生活していた。和館に関係するおもな役職としては、館守《かんしゅ》・裁判《さいはん》・代官《だいかん》などがあった。館守は和館の責任者、裁判は公作米《こうさくまい》の期間延長や通信使の細目決定など重要事項を交渉するため臨時に派遣される役職である。代官は一代官・二代官など数種類あり、基本的に藩が領内の町人に委託して行わせる商取引を監督する役割であったが、一部は直接貿易を統括した。

藩外からの質問を想定した対馬藩の問答集には、左のような記事がある。

御尋《おたずね》　朝鮮へ対馬の御役人が渡っている場所は、最初から現在の所（草梁）ですか。和館というのは対馬の土地ですか、あるいは借地ですか。

御答《おこたえ》　対馬から派遣している人間をかかえておく場所は、朝鮮御陣（秀吉の朝鮮出兵）以前は三カ所でした。御当代御和交がととのいましたあとは釜山浦の内開雲浦《ケウンポ》というところに和館がありましたが、手狭なうえに船着きが良くないので、延宝年間（一六七三〜八一）に場所を今の草梁項《こう》に移しました。もっとも、朝鮮の土地を接待として貸し渡しております。

（『朝鮮関係御尋御答覚書』）

このほかにも、「朝鮮え和館これ有る由、何ヶ所これ有り候哉」「和館より外《そと》にも日本人常に参り候哉」「和館にては日本人と朝鮮人と常々参会いたし候哉」「和館には朝鮮の女も常に参り候哉」などといった問答が記載されていて、和館が日本国内でも興味を引いていたことがうかがえる。

外交と貿易の「合理化」

柳川一件決着により、朝鮮と独自に通交する力をもっていた柳川氏が失脚して、外交や貿易の日本側主体が藩（宗氏）のもとに一元化されることになった。朝鮮国王の使節派遣を要請するといった重要事項の交渉も、対馬で勝手に「日本国王使《こくおうし》」を仕立てるのではなく、江戸幕府許可のうえで宗氏の使者として通常より格上の使者（参判使《さんばんし》▲）を派遣して行う形になった。

しかし柳川一件が起きていた一六三〇年代、大陸では女真人《じょしんじん》が遼東《りょうとう》に勢力を拡大して明《みん》と朝鮮のあいだを分断し、両国に対する圧力を強めていた。一件裁決後に対馬と朝鮮のあいだで行われた交渉では、朝鮮側は徳川将軍の称号の大《たい》君《くん》への変更や使節（通信使）派遣手続きの変更を受け入れた。その背景には、女真人との緊張関係▲のなかで日本との関係を安定させておきたいという意識があったと考えられる。外交に関する交渉と並行して、朝鮮と対馬のあいだでは対馬から渡航する使者の「兼帯《けんたい》」が問題となっていた。朝鮮へ通交する船本来の姿は各船に使者が乗る形であり、たとえば歳遣船《さいけんせん》が二〇艘であれば、一年間に二〇回（人）の使者が渡航することになるが、これを集約しようというものである。両者協議の結果、使者の名称は残しつつ実際の渡航は一六三七（寛永十四）年から五回（人）に集約▲することとした（万松院《ばんしょういん》▲送使を加えれば六回）。書契《しょけい》は実際に渡航しない使者の分も作成し一括して朝鮮側に渡すこととした。進上《しんじょう》品・公《こう》貿易品については、規定の品目・数量は変えずに、兼帯される使者の分も含めて

▼**参判使**　幕府の命を受け朝鮮に派遣する使者。通常の使者は礼《れい》曹参議《そうさんぎ》（礼曹の三等官）宛書契を持参するが、参判使は礼曹参判（次官）宛書契を持参した。

▼**緊張関係**　五〇ページ頭注参照。

▼**五回（人）に集約**　使者が乗る船は、(1)歳遣第一船、(2)第二船、(3)第三船、(4)第四船（第五船〜第十七船を兼ねる）、(5)一《いち》特送使（二《に》特送使・三《さん》特送使・彦三《ひこみつ》送使を兼ねる）、(6)万松院送使、となった。一六四〇（寛永十七）年より副特送使・以酊庵送使、四二（同十九）年より彦満《ひこみつ》（義真）送使が加わった。

▼**万松院**　藩祖宗義智の院号、また義智をほうむった寺の名称でもある。万松院送使は義智の供養《くよう》維持の意味で認められた。

●―万松院の山門

一年分の合計で決済を行うようにした。ただし実際には、細々《こまごま》とした品物の多くは米や木綿に換算されていた。従来柳川氏と規伯玄方《きはくげんぽう》がもっていた図書《としょ》はいったん朝鮮に返却されたが、対馬側の希望により再交付され、副特送使《ふくとくそうし》と以酊《いてい》庵送使《あんそうし》の名称で復活した。

この新制度は、「外交」（使者派遣）と貿易の一定の分離であり、一定の「合理化」であった。もちろん近代の外交や自由貿易とは違い、従来の儀礼や貿易の枠組みを残したなかでの「合理化」であった。兼帯の実現は、直接には使者接待の省略による朝鮮側のメリットが大きく、対馬藩からみれば、中世のように歳遣船数の増加をはかることがむずかしくなったともいえる。しかし兼帯は、二〇艘という歳遣船数の制約を形骸化させ、対馬藩は和館へさまざまな名目で船を往来させて私《し》貿易を実質的に拡大することが可能になった。

藩の経済と対馬の食糧事情にとって影響が大きかったのが、一六五〇年代の換米《かんまい》の開始である。中世から近世初頭の公貿易における輸入品としては、朝鮮政府が租税として徴収し地方官衙《かんが》に保管する木綿布（公木《こうぼく》）が大きな比重を占めており、これを日本国内にもちこめば利益も大きかった。しかし、木綿の国内生産が進むにつれて木綿貿易の利益は減少し、さらに受け取る木綿の質も問題になった。十七世紀半ば、対馬側は本来「正木《しょうぼく》」▲であるべきものが近年は「平木《へいぼく》」▲になっているのでこれでは受け取れないと主張し、朝鮮側は綿花の実りがよくないために致し方ないと主張して決着しなかった。そこで対馬藩は木綿のうち三〇〇束《ソク》を米一万二〇〇〇石《ソク》に振りかえるならば、残りの木綿七三三束余りは当面のあいだ「平木」でも受け取ると提案し、朝鮮側もこれを諒承して一六五一(慶安《けいあん》四)年から実施された。さらに一六六〇(万治《まんじ》三)年には木綿一〇〇束を米四〇〇〇石に追加して振りかえることにした。これを換米の制と呼び、この米を対馬では公作米と称した。一万六〇〇〇石の米は日本の単位で八三〇〇石《こく》余りに相当し、和館内で消費する分を除いて対馬に送られたので、田代領の年貢米とあわせ、対馬の米事情は大きく改善されることになった。

対馬藩の位置

以上述べてきた十七世紀に生じた変化を前提にして、江戸時代の日朝関係とそのなかでの対馬藩の位置について整理してみたい。

▼正木・平木　木綿布の品質をあらわす語。

前近代東アジアの国家関係は、主権国家を単位として成立し形式的にせよその対等性を前提とする近代の外交とは大きく異なっていた。中華帝国を中心とする華夷《かい》思想の強い影響のもとで、国家間の関係は君主(あるいは実質的な代表者)間の関係としてあらわされ、その関係は必ずしも対等ではなかった。江戸時代の日朝間の関係も、徳川将軍と朝鮮国王との関係を根本においていた。両者の関係は、徳川将軍と朝鮮国王のあいだでやりとりされる書状の書式に端的に表現されたが、それはたがいに相手を対等の地位におくものであった。日本には古代の伝説をもとに朝鮮を朝貢国とみる意識があり、朝鮮には「華」である自国に対して「倭《わ》」「倭人《わじん》」は夷であるとする意識が存在した。にもかかわらず両者のあいだに「対等」の関係が成立したのは、十七世紀前半の国際的・国内的政治情勢のもとで隣国との関係の安定を優先したからであった。またほかに外部条件として、明(のちには清《しん》)が両者の関係に干渉しなかったこともあった。

十九世紀になり、欧米諸国からの外交・通商要求が予想されるなかで江戸幕府は伝統的な関係を概念整理し、朝鮮と琉球《りゅうきゅう》は「通信の国▲」であると位置づけた。朝鮮では日本との関係を、中国に対する「事大《じだい》▲」、周辺夷民族に対する「羈縻《きび》▲」と

▼**通信の国**　外交関係がある国。

▼**事大**　大国に事《つか》える。中国との関係は、近代的な支配・被支配関係とはもちろん異なるが、形式的・儀礼的な関係ではなかった。

▼**羈縻**　つなぎとめる。恩典をあたえて夷狄《いてき》を懐《なつ》ける意を含む。

区別して「交隣《こうりん》」概念を適用した。

それでは、このような江戸時代の両国関係のなかで、対馬藩はどのような位置にあったのだろうか。徳川家康が武家《ぶけ》の第一人者となって以来、その希望である朝鮮からの使者来日に対馬が全力をつくしたことはさきにみたとおりである。また柳川一件の処理に際して、幕府は朝鮮との交渉能力―具体的には朝鮮から使節を呼べるかどうか―を重視した。つまり、幕府にとって対馬（藩）・宗氏の存在意義は、第一にはみずからの国内支配に適合する形で朝鮮との関係を実現させられるかどうかだった。対馬（藩）・宗氏は、手段はともかく結果的にはそれを果たし、幕府に「朝鮮のことは対馬をとおして」を確認させることができた。柳川一件の裁決後、宗義成が将軍家光《いえみつ》に提出した誓約書で「朝鮮の仕置き（朝鮮関係のことがらの処理）以下を家業のごとくつとめるように命じられた」と述べているのは、この点をさしている。

ここで、江戸時代の朝鮮との「外交」とはなんだったかをもう少し具体的に考えてみると、⑴通信使の招聘《しょうへい》、⑵その他の使節の往来、⑶漂流民の相互送還、⑷幕府・朝鮮間の課題の交渉、⑸対馬・朝鮮間の課題の交渉、これらの実行あるいは交渉をあげることができるだろう。

(1)はいうまでもなく、徳川将軍家の重事(慶事《けいじ》)に際して来日した使節である。江戸時代の通信使については次ページ表に示した。十七世紀後半からは、将軍の代替わりごとにくることを基本とした。

(2)はその他将軍家の慶弔《けいちょう》、朝鮮王家の慶弔、宗家の慶弔に際して往復した使者で、対馬から朝鮮へは幕府の命を受ける形で参判使が、朝鮮から対馬へは訳《やく》官使《かんし》▲が派遣された。これらの目的は結局のところ、さきに述べた徳川将軍と朝鮮国王、それに宗氏との関係の確認にあった。このようにして確認された両国関係を前提として、医師や薬材などを求めたり、キリスト教禁止を伝えたりすることもあった。

(3)については、対馬・朝鮮間では中世から漂流民送還の慣行が存在したが、近世になって対馬以外の日本各地に漂着した朝鮮人も、朝鮮人であることが確認されれば長崎と対馬を経由して送還されるようになった。風向きや海流の関係から、実数としては朝鮮沿岸に漂着する日本人より朝鮮人の日本漂着のほうがずっと多く、また送還を行えば一定の褒賞《ほうしょう》が期待できた。

▼**訳官使**　倭学《わがく》訳官(日本語通訳)が対馬を訪れた。

●─朝鮮使節一覧

西暦 干支	朝鮮	日本	正　使	副　使	人員	使　　命	使節関係の記録および編纂物	備　　考
1607 丁未	宣祖40	慶長12	呂祐吉	慶　暹	467	修好，回答兼刷還	海槎録(慶暹)	国交回復
1617 丁巳	光海君 9	元和 3	呉允謙	朴　梓	428 (78)	大坂平定祝賀，回答兼刷還	扶桑録(李景稷)，東槎上日録(呉允謙)	伏見行礼
1624 甲子	仁祖 2	寛永元	鄭　岦	姜弘重	300	家光襲職祝賀，回答兼刷還	東槎録(姜弘重)	
1636 丙子	仁祖14	寛永13	任　絖	金世濂	475	泰平祝賀	丙子日本日記(任絖)，海槎録(金世濂)，東槎録(黄戻)	以降「通信使」と称す，日本国大君号制定，日光山遊覧
1643 癸未	仁祖21	寛永20	尹順之	趙　絅	462	家綱誕生祝賀，日光山致祭	海槎録(申濡)，東槎録(趙絅)，癸未東槎日記	東照社致祭
1655 乙未	孝宗 6	明暦元	趙　珩	兪　瑒	488 (103)	家綱襲職祝賀，日光山致祭	扶桑録(南竜翼)	東照宮拝礼および大猷院致祭
1682 壬戌	粛宗 8	天和 2	尹趾完	李彦綱	475 (112)	綱吉襲職祝賀	東槎日録(金指南)，東槎録(洪禹載)	
1711 辛卯	粛宗37	正徳元	趙泰億	任守幹	500 (129)	家宣襲職祝賀	東槎録(金顕門)	新井白石の改革
1719 己亥	粛宗45	享保 4	洪致中	黄　璿	475 (109)	吉宗襲職祝賀	海槎日録(洪致中)，海游録(申維翰)，扶桑紀行(鄭后僑)	
1748 戊辰	英祖24	寛延元	洪啓禧	南泰耆	475 (83)	家重襲職祝賀	日本日記，奉使日本時聞見録(曹蘭谷)	
1764 甲申	英祖40	明和元	趙　曮	李仁培	472 (106)	家治襲職祝賀	海槎日記(趙曮)	崔天宗殺害事件
1811 辛未	純祖11	文化 8	金履喬	李勉求	336	家斉襲職祝賀		対馬聘礼

東京国立博物館編『朝鮮通信使』より中村栄孝・李元植の表をもとに一部手を加えた。人員の(　)は大坂留。

(4)・(5)の例としては、一六六〇年代を中心とする和館(倭館)移転交渉や一六八〇年代「竹島《たけしま》(鬱陵島《ウルルンド》)」渡航をめぐる交渉▲、和館で起きた事件の犯罪者の処分をめぐる交渉、約条《やくじょう》の改定・追加、一七九〇～一八〇〇年代の通信使易地聘《えきちへい》礼《れい》▲交渉などをあげることができる。ただし、幕府が交渉の前面にでることはまれであり、ほとんどの場合、対馬・朝鮮間の交渉となった。

こうした過程のなかで、幕府と朝鮮側の認識や主張が相違することは間々あり、あいだに立つ対馬藩が「宗氏の身分にかかわる」▲と訴えて事態を収拾したことは二度三度ではなかった。朝鮮も、少なくとも他の選択肢よりは、長年の関係をもつ対馬が日本との窓口となることを望んだ。一方で対馬(藩)・宗氏は朝鮮に対して朝貢的な儀礼を行っていた。七二ページ上の図は、対馬からの使者が朝鮮国王の「殿牌《でんぱい》」に拝礼するようすを描いている。これは直接に貿易の利益にかかわる対馬藩でなくては行えないものだった。通信使来日の部分だけをみれば、対馬藩が中間に存在しなくても近世の日朝関係は成り立ったと考えられそうであるが、実際には両国関係の安定のために対馬藩の存在は不可欠であった。

▼**竹島(鬱陵島)渡航をめぐる交渉**　「竹島(鬱陵島)」へ出漁した日朝の漁民が衝突する事件が起こり、対馬藩は幕府の意向を確認しながら処理にあたった。

▼**易地聘礼**　場所を変えて使者を接待する。具体的には江戸から対馬に変更した。

▼**宗氏の身分にかかわる**問題　が解決しなければ宗氏が改易《かいえき》される。

さて、貿易の方式としては、①進上、②公貿易、③私貿易という中世以来の三種類の貿易区分が受け継がれていた。ただし進上は封進《ほうしん》と改称した。対馬藩の儒者松浦霞沼《まつらかしょう》▲は各貿易についてつぎのように説明している。

> 公貿易は、朝鮮が官の倉に所蔵する公木を看品《かんぴん》▲の品に換え、その利益は朝鮮政府のものとなる。それでこれを公貿易という。このため、看品のときには東萊府《とうらいふ》の裨将《ひしょう》や訓導《くんどう》▲にこれを監督させ、商人は関係しない。開市《かいし》はこれを私貿易ともいうが、朝鮮の商人が自分の資金をもって北京《ペキン》へいき、生糸や絹を買ってきたり、あるいは朝鮮人参の類を日本の銀貨や金属類（銅や錫《すず》など）に交換し、その利益は私の商人のものとなる。市《いち》の監督官は税金を取り立てるだけである。そこでこれを私貿易という。求請《きゅうせい》物は、昔からわが国の使船が朝鮮にいくときには、たいてい朝鮮の産物を求めたのであるが、そのなかの一部については朝鮮がその要求に応じたのである。

封進・公貿易は規定の品▲を相互に確認のうえで随時納入して一年ごとに決済した。私貿易は和館内の開市大庁《だいちょう》で取引を行ったので開市ともいう。貿易の日本側の主体はいうまでもなく対馬藩であるが、藩の役人が直接取引を行ってい

▼**松浦霞沼**　一六七六〜一七二八年。儀右衛門《ぎえもん》、允任《まさただ》。木下順庵《きのしたじゅんあん》門下から招かれた。

▼**看品**　公貿易で日本から輸出する品物。また公貿易の取引をさすこともある。

▼**裨将や訓導**　裨将は兵を監督する副将。訓導は倭館に出入りする日本語通訳の長。

▼**規定の品**　ただし実際には木綿や米などに換算されている物品が多かった。

●──「東萊府使接倭図」

●──天保初年(1830年ごろ)の対馬藩朝鮮貿易

	輸出品と調達地		輸入品と用途・売立金額	
公貿易	荒　銅 28,373斤54匁	大坂	木　綿 35,438疋	
	丁　銅 7,416斤80匁	大坂	内14,643疋	対馬売立 銀 226貫
	熟　銅 3,000斤	大坂	同 295疋	(対馬)各役所へ配分
	丹　木 10,000斤	大坂	同20,000疋	大坂売立 銀 285貫目
	胡　椒 5,000斤	長崎	同 500疋	長崎売立 銀 8貫500匁
	明　礬 1,400斤	長崎	米　約 9,840石	
			内 2,582石	和館・船中消費
			同 7,258石	(対馬)家中支給
私貿易	丁　銅 99,358斤	大坂	牛　皮 25,000枚	大坂売立 銀 625貫目
			牛角爪 31,100斤	大坂売立 銀 91貫350匁
			黄　芩 46,800斤	大坂売立 銀 159貫300匁
			煎海鼠 20,000斤	長崎売立 銀 81貫935匁
	熟　銅 6,000斤	大坂	上人参 2斤	大坂売立 銀 10貫目
①	丁　銅 26,478斤80匁	大坂	吹　銀 100貫	銀座納銀 226貫目

①は幕府の許可をえて行っていた朝鮮からの金銀輸入。丁銅を大坂で調達し，輸入した吹銀100貫を銀座におさめると，代価として通用銀226貫目があたえられる。

	輸出品調達金額		輸入品売立金額	
大坂	荒銅計 28,373斤54匁 丁銅計 133,253斤 熟銅計 9,000斤	銀 534貫700匁	対馬売立(木綿ほか) 大坂売立(木綿・牛皮・牛角爪・黄芩ほか)	銀 255貫目 銀 1,202貫150匁
長崎	丹木・胡椒・明礬	銀 52貫260匁	長崎売立(煎海鼠・木綿) 江戸売立(吹銀上納)	銀 90貫435匁 銀 226貫目
計		銀 586貫960匁		銀 1,773貫585匁

史料で牛角爪売立代が対馬と大坂二重に計上されている。この表では対馬の項から重複分を差し引いた。また，表では公貿易輸出入の細かな物品類を省略している。このため，上段と下段で対馬と大坂の売立金額合計があわない。「寛政年御入目近年之御入目差引増減目録」(東京大学史料編纂所宗家史料)による。

●天保期日朝貿易の概略

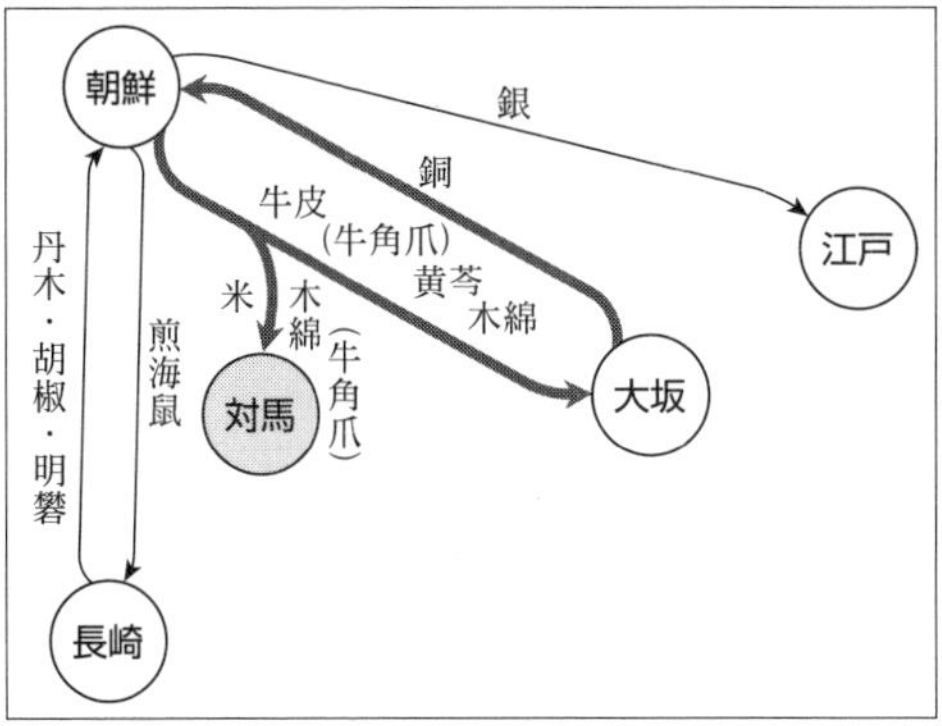

●藩内〝銀〟の流れ

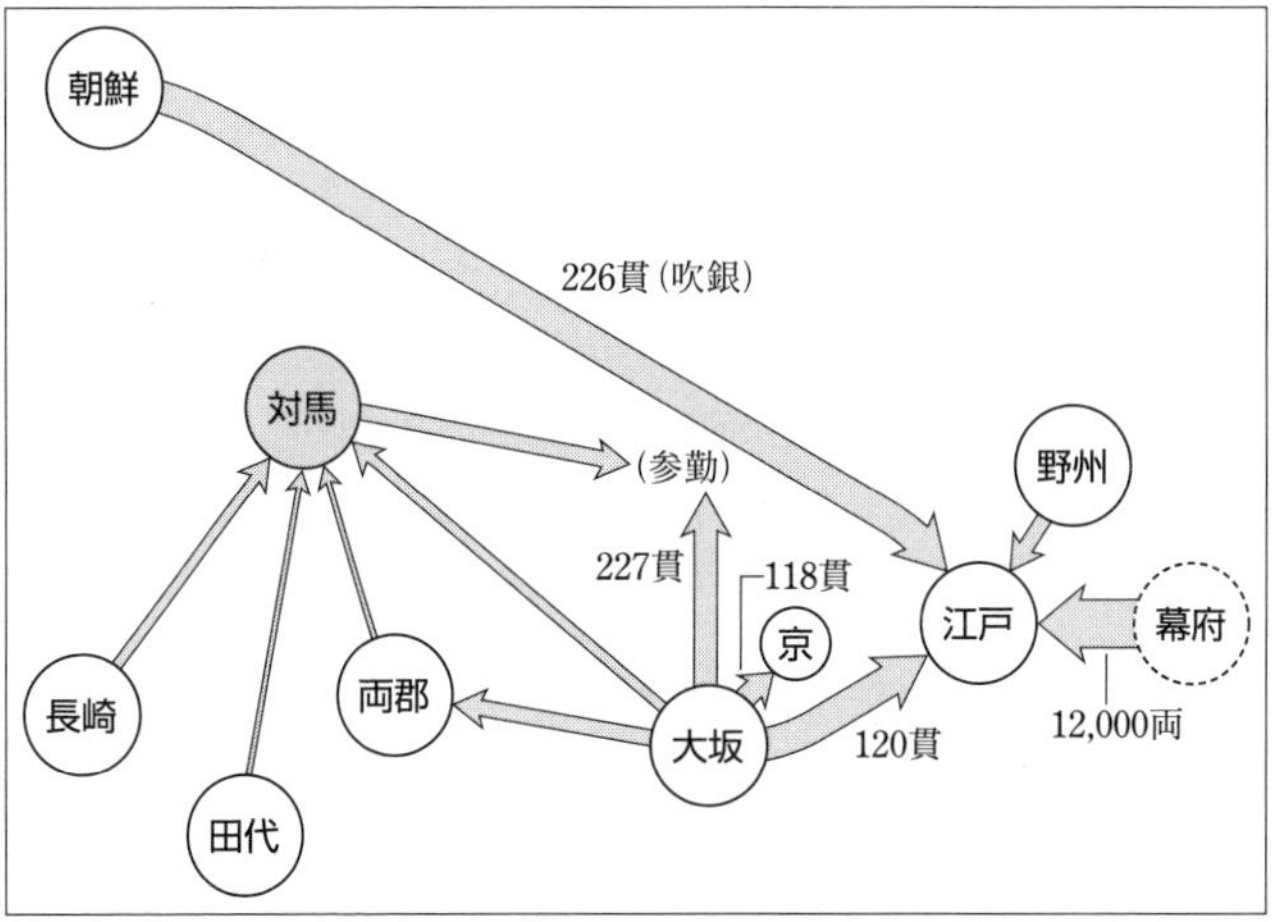

●藩内〝米〟の流れ

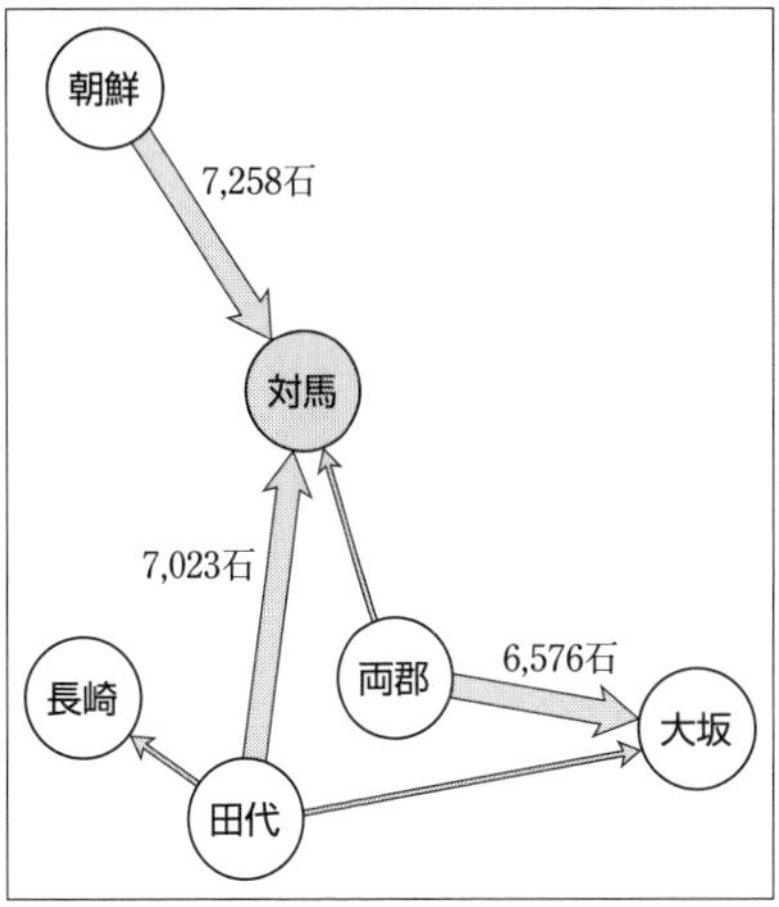

たのではなく、実際には公貿易を含め、藩から委託を受けた「六十人《ろくじゅうにん》」▲と呼ばれる領内の特権商人であった。この貿易は日本国内にある対馬藩の屋敷や機構を利用して長崎・大坂・京都で国内市場とつながっており、また輸出品である銅や蘇木《そぼく》を大坂や長崎で調達するにあたっては、幕府の優遇措置を受けていた。したがってこれは単純な経済的行為ではなく、体制的な保護のもとにあった貿易ということができる。朝鮮側の貿易主体は、封進・公貿易においては倭館を管轄する地方役所である東莱府であり、私貿易においては東莱商賈《しょうこ》と呼ばれる特権商人▲であった。

やや時代がくだるが、十八世紀末と十九世紀半ばの貿易と藩財政の状態について概略をまとめたのが七二ページの表と七三ページの図である。すでに貿易は下降線をたどり、幕府とのあいだでは私貿易「断絶」という了解が成立していた（次章を参照）時期の状況であるが、なお藩の財政が朝鮮貿易に依存した構造になっていたことがわかる。

▼**六十人**　かつて宗氏の家臣であったが対馬では土地が限られているため商人になったという由緒をもつ商人。

▼**特権商人**　政府から貿易を許可された商人。こうした商人は、役人や政府有力者とのつながりをもっているのがふつうだった。

⑤—藩政の推移と矛盾

藩体制の整備と日朝貿易の興隆

本章では時間の推移を軸にして藩政《はんせい》の推移とそこに生じた問題点をみていきたい。とはいえ、限られた紙数で二六〇年以上にわたる藩政全体を取り上げることはできない。そこで、対馬《つしま》藩に特徴的な事柄、あるいは他藩にあまり類例がないような出来事にしぼって取り上げることにする。

「柳川一件《やながわいっけん》」の裁決後、一六三〇年代に日朝《にっちょう》貿易に一定の「合理化」がはかられたことに対応して対馬藩内の体制がどのように整えられたか、それを具体的に知ることはできないが、おそらく一気に進んだのではなく、時間をかけて徐々に整えられたと考えられる。間接的にそれを推定させる材料として、藩の記録(藩日記、毎日記《まいにっき》)の残存状況がある。

(1)毎日記が連続的に作成されるようになるのは一六三〇年代であるが、初期の毎日記は藩主の移動(参勤交代《さんきんこうたい》)にあわせて作成されており、一六六〇年代くらいから江戸と国元で独立した日記が作成されるようになる。

(2)十七世紀後半になると、奥書札方《おくしょさつかた》▲や郡奉行《こおりぶぎょう》など、役所機構あるいは責任者などの分掌ごとに毎日記がだんだんと作成され始める。

(3)日朝関係についてみると、外交上やりとりされる漢文の手紙(書契《しょけい》)は他の藩政文書にさきがけて保存されるようになっていたことがわかる。書契の控である「朝鮮往復書」は、以酊庵輪番制《いていあんりんばんせい》の開始を契機として作成されるようになるので、これも他の藩政文書と比べれば比較的早い。このことは、記録の重要性がまず外交の分野▲で認識されたことを示している。

右のような「毎日記」をはじめとする藩政文書の残り方の変化が、藩の体制が整備されていく過程の反映であると考えるならば、十七世紀後半に対馬藩の役所機構は整備されたといえるだろう。

さて、十七世紀後半は、対馬藩ではおおむね第三代藩主宗義真《そうよしざね》の治世にあたる。ここではその特徴を、藩体制の整備と日朝貿易における画期という二つの面に注目しながらみることにしたい。一六五七(明暦《めいれき》三)年に宗義真が家督《かとく》を継いだあと打ち出されたおもな政策を示したのが次ページ表である。それをみると、大浦権太夫《おおうらごんだゆう》の登用と処罰、蔵米《くらまい》取りへの変更と地方知行《じかたちぎょう》への一部復帰など

▼**奥書札方**　藩主の秘書局的な機構。

▼**外交の分野**　貿易帳簿の類はほとんど残されていない。貿易の実務は藩が委託した商人が行ったからだと考えられる。

●—宗義真時代(前半)のおもな政策

西暦	和暦	事　　　　項
1657	明暦3	対馬藩主宗義成，江戸で死去，嫡子義真襲封(当時19歳)。
1658	万治元	大浦権太夫を登用して財政を専管させる。
1659	2	対馬府中大火(62年再度大火。府中の町をつくりなおすことに)。
1660	3	大坂滞在中債権者が義真宿所に返済を求めて集まる(財政窮乏を示す)。
1661	寛文元	対馬全島検地開始。
1662	2	禄制を蔵米知行に改める(71年，希望する者に地方知行を復活する)。
1664	4	農村で均田制を行う。
1665	5	大浦権太夫を処刑する。
1666	6	藩主の居館である桟原館完成(石垣など含む完成は1672年か)。
1667	7	対馬府中の商人扇各左衛門・大久保甚右衛門を実行犯とし，背後に長崎・博多の有力商人が関係した大規模な密貿易事件が発覚する(処罰者91人)。
1669	9	宗成親とその子細川真春を流罪とする(成親は宗義智の兄である宗義純の子宗智順の養子)。
1672	12	大船越瀬戸の開削に着手。佐須奈を朝鮮への渡海港(夏季)として整備する。
1678	延宝6	草梁新和館完成。幕府への献上を10万石の格式とする。
1679	7	代官に関する規定，総勢20人。8人が士，12人が町人。一代官は230石取，二代官は150石取，三・四代官は大小姓(中士)格。
1683	天和3	私貿易を専管する代官である商売掛設置(1711年廃止)。

和館移転交渉は，義真が宗家を継いでまもなく始まり，その実現まで繰り返し行われている。しかも，家老級重臣が使者として何度も派遣されている。こうした事実から判断して，和館移転は藩体制整備の一環として意識されていたと考えることができる。

の紆余曲折をへながらも、一定の方向性をもっていたとみることができる。

(1)財政基盤を確立すること。義真の襲封《しゅうほう》まもないころ、借金返済を求める商人が大坂の宿所に押しかけるほどの状況だった。また一六六七(寛文七《かんぶん》)年の密貿易事件が示すように、日朝貿易には藩が掌握しきれない利権がはいりこんでいた。そこで全島検地《けんち》や禄制《ろくせい》改革を実施し、私《し》貿易を取り扱う代《だい》官《かん》▲を領内の有力商人から任命するなど、藩財政の確立をはかった。

(2)藩の機構を整備すること。さきに述べたように、役所の記録が残されるようになることはこの反映である。

(3)幕府や他藩との関係を考慮して、藩の格式、藩士の数や禄高《ろくだか》などを設定すること。藩士数の増加や禄高の設定▲、幕府への献上品の引上げ、表高《おもてだか》の二万石格から一〇万石以上格への改定などがこれにあたる。

(4)日本を代表して朝鮮との窓口となっていることにふさわしい構えや格式を追求すること。和館《わかん》(倭館)の移転と拡張、城下町府中《じょうかまちふちゅう》での城や藩主居館の建築、大船越瀬戸《おおふなこしせと》▲開削や佐須奈《さすな》港の整備、学者の招聘《しょうへい》や養成▲、対馬や宗氏の歴史に関する書物の編纂などがこれにあたる。

▼**代官**　貿易を担当する役人の総称。一代官、二代官などの役職名・呼称があった。

▼**禄高の設定**　石高《こくだか》制に基づいた検地が行われなかった対馬では「何石取りの武士」という表現は馴染みのないものであった。

▼**大船越瀬戸**　浅茅《あそう》湾の奥と対馬東海岸をつなぐ水路。

▼**学者の招聘や養成**　木下順《きのしたじゅん》庵《あん》門下から雨森芳洲《あめのもりほうしゅう》や松浦霞沼のような秀才を招いた。藩士陶山庄右衛門《しょうえもん》(訥庵)も順庵に学んだ。

全国的にこの時期は、諸藩で藩の体制が整備された時代であり、それと並行して各地で農地の拡大や人口増加がみられた。しかし地理的条件が厳しい対馬では、十七世紀後半をとおして農業生産はほとんど増加しなかった。藩の財政と対馬島民の生計は、対馬の年貢《ねんぐ》や諸税、肥前田代領《ひぜんたしろ》の年貢、朝鮮貿易の利益、朝鮮からの公作米《こうさくまい》、銀山収入などのやりくりで支えられていた。藩儒《はんじゅ》で郡奉行にも就任した陶山訥庵《すやまとつあん》▲は、以前銀山が盛んだった時期は、対馬の年貢諸税一万二〇〇〇石相当＋銀山収入三万二〇〇〇石相当＝四万四〇〇〇石相当によって藩士への支給米一万六〇〇〇石相当と諸役所・参勤交代の経費二万八〇〇〇石相当をまかなえばよかったが、昨今（一七〇〇〈元禄《げんろく》十三〉年ごろ）銀山は一万二〇〇〇石相当に減少し、貿易も下降線なので財政が逼迫しているとしている。また同人によれば、対馬の全人口三万二〇〇〇人の食料は、(1)対馬の麦・米で一万八〇〇〇人、(2)田代領年貢で四〇〇〇人、(3)筑前《ちくぜん》での買米で三〇〇〇人、(4)朝鮮からの公作米で七〇〇〇人を養っている計算であった。

十七世紀末の一時期、対馬藩の私貿易は空前の活況を呈した。これは当時外部の条件にめぐまれ、藩側の条件も整ったからであった。外部的要因とは、(1)

▼**陶山訥庵**　一六五七〜一七三二年。存《ながろう》、庄右衛門、鈍翁《どんおう》。全島猪駆除の立案者としても知られる。藩の役職を離れてから『口上《こうじょう》覚書』『農書輯略《しゅうりゃく》』『対韓雑記』『受益談《じゅえきだん》』など著述多数を遺した。

●—私貿易輸出入額(1684〜1710)

年代	輸出額総計	輸出額内訳			輸入額総計	差額 ⊕輸出超過 ⊖輸入超過
		現銀・銀合計[1)]	代物替代銀計[2)]	(四割潰[3)])		
	貫 匁	貫 匁	貫 匁	貫 匁	貫 匁	貫 匁
貞享元	2,919 360	2,075 925	843 435	(602 453)	1,405 874	⊕1,513 486
2	3,092 042	2,048 111	1,043 931	(745 665)	2,474 400	⊕ 617 642
3	4,173 904	2,888 393	1,285 511	(918 222)	3,929 203	⊕ 244 701
4	3,461 709	2,068 051	1,393 658	(995 470)	5,108 214	⊖1,646 505
元禄元	3,903 505	2,501 460	1,402 045	(1,001 461)	3,357 602	⊕ 545 903
2	3,989 334	1,999 843	1,989 490	(1,421 064)	2,454 597	⊕1,534 737
3	4,745 501	2,250 216	2,495 285	(1,782 347)	4,510 034	⊕ 235 467
4	5,714 800	2,746 208	2,968 592	(2,120 423)	4,275 466	⊕1,439 334
5	4,610 237	2,441 031	2,169 205	(1,549 432)	3,954 452	⊕ 655 785
6	5,434 713	2,287 525	3,147 188	(2,247 991)	3,827 443	⊕1,607 270
7	5,518 618	2,589 728	2,928 889	(2,092 064)	5,941 271	⊖ 422 653
8	5,184 633	2,459 953	2,724 680	(1,946 200)	3,008 897	⊕2,175 736
9	4,932 370	2,454 493	2,477 876	(1,769 912)	3,779 069	⊕1,154 301
10	5,938 204	2,618 124	3,320 079		2,752 641	⊕3,185 563
11	2,601 867	1,432 279	1,169 587		2,804 502	⊖ 202 635
12	2,911 115	2,002 434	908 681		901 027	⊕2,010 088
13	1,590 414	1,573 092	17 322		665 204	⊕ 925 210
14	4,268 637	3,283 017	985 620		2,587 848	⊕1,680 789
15	2,790 777	2,218 539	572 238		2,056 554	⊕ 734 223
16	1,234 031	958 062	275 969		1,844 412	⊖ 610 381
宝永元	1,923 521	1,430 118	493 402		1,586 528	⊕ 336 993
2	1,439 355	1,129 294	310 060		2,098 122	⊖ 653 767
3	2,028 298	1,351 413	676 884		2,253 664	⊖ 225 366
4	1,523 184	971 900	551 284		1,006 969	⊕ 516 215
5	1,556 626	1,128 815	427 811		1,333 509	⊕ 223 117
6	1,612 054	969 454	642 600		1,682 453	⊖ 70 394
7	1,285 866	638 002	647 864		789 244	⊕ 496 622
総計	貫 匁 90,384 675	貫 匁 52,515 480[4)]	貫 匁 37,869 186		貫 匁 72,388 199	⊕合計 貫 匁 21,833 182 ⊖合計 3,836 706
年平均	3,347 580	1,945 017	1,402 562		2,681 044	差引17,996 476 (輸出超過)

1)現銀＋その他渡銀。
2)銀を除く諸品の代銀合計。
3)原史料の記載により，代物替代銀計を1.4で割る。
4)うち，丁銀輸出高は，50,356貫577匁。
匁以下は切捨て。一部，表の数字と表内での計算結果があわない箇所がある。
田代和生『近世日朝通交貿易史の研究』による。

●—1684(貞享元)年私貿易取引表

輸出				輸入			
品目	数量	代銀	構成比率*	品目	数量	代銀	構成比率*
		貫 匁	%			貫 匁	%
銀	古代官方現銀残	138 000	4	上・中・下白糸	30,396斤	709 229余	50
慶長銀	丁銀	1,937 925	66	縮面	6,295反	195 140	13
鑞(錫)	44,689斤	236 851余	8	紋無	888反	26 640	1
銅(荒銅)	152,214斤余	258 764余	8	小飛紗綾	6,388反	159 700	11
棹・延銅	17,535斤	43 144余	1	大・中綸子	313反	14 085	1
鍮鉐	26,293斤余	78 290余	2	鼠切磚さや	53反	212	0
釷鈃	96斤	403余	0	兎羅面	9反	225	0
狐皮	6,860枚	96 040	3	上・並人参	877斤	274 913余	19
狸皮	8,638枚	69 104	2	小人参	12斤	1 200	0
韗皮	460枚	14 420	0	尾人参	408斤余	24 530	1
獇皮	2,450枚	8 575	0				
刻多葉粉	1,000箱入9櫃	2 250	0				
丹木	6,900斤	8 625	0				
胡椒	3,780斤	9 450	0				
黄連	261斤	10 962	0				
銀山煙器	27,307梃	4 369余	0				
五花糖	200斤	616	0				
白砂糖	232斤	505余	0				
孔雀尾	5尾	175	0				
壱番皮籠	5荷	560	0				
像牙真針	2つ	49	0				
目かね	8つ	280	0				
銀合計2,075貫925匁 ① 銀以外の代物代銀計 843 448余(計算では843貫435匁) 四割潰 602 463余(計算では602貫453匁) ②							
輸出額合計(①+②) 2,678貫388匁余 ③				輸入額合計 1,405貫874匁余 ④			
差引 輸出額合計 2,678貫388匁余 ③ 内 輸入額合計 1,405 874 余 ④ 内 代官渡帳 710 932 内 合力銀渡帳 6 736 残(売掛) 554貫844匁余				利潤 1,065貫270目 元方役計上利潤 (朱書) 3,559貫423匁余 正徳2年～5年京都相場平均値より算出			

*コンマ以下切捨て。

輸出の構成比率は，四割潰方式(80ページ表の注3参照)を用いず，銀および代物代銀の総計(2,075貫925匁＋843貫435匁＝2,919貫360匁)を100とする。

田代和生『近世日朝通交貿易史の研究』による。

輸入生糸や絹織物の日本国内での価格が利潤を生む値段であったこと、(2)輸出品として高品位の丁銀《ちょうぎん》が十分に確保できたことで、藩側の条件とは、藩が貿易を掌握する体制が整ったことである。八〇ページの表の数字は、一六八四(貞《じょう》享《きょう》元)年から一七一〇(宝永《ほうえい》七)年までのあいだの私貿易の推移について、のちに藩の財政担当者が再構成したもの、また八一ページの表は一六八四年の私貿易取引の概要である。ただしこれらの表から貿易の利潤を考える際には、若干の注意が必要である。

(1)輸出品の国内調達価格と朝鮮での評価額には差がある。ただし実際にはこの差額の一部は経費として差し引かれていた。

(2)輸出総額から右の経費を引いた額(朝鮮商人への輸出額)と輸入総額(朝鮮商人からの輸入額)は本来等しいが、実際は毎年売掛《うりかけ》・買掛《かいかけ》が生じていた。

(3)結局、私貿易の利潤とは最終的な輸入品売上げ額から最初の輸出品仕入れ額を差し引いた額になる。

(4)八一ページ表の正徳《しょうとく》二〜五(一七一二〜一五)年の国内価格をもとに計算した数字は、実際よりもかなり大きい可能性があり、参考程度としてみるべき数字である。

貿易品についてみると、当時輸出品の中心は現銀（丁銀）および錫《すず》・銅であり、輸入品の中心は白糸《しらいと》および絹織物と朝鮮人参であった。したがって、朝鮮人参を除けば、これは銀と絹を媒介にして日本市場と中国市場とをつなぐ中継貿易であり、長崎で中国船が行う貿易の別ルートを構成していた。一時対馬藩に相当大きな貿易利益▲がもたらされていたことは確かで、対馬藩が世上「西国《さいごく》一の長者▲」といわれるほどだったことも納得できる。

しかし、こうした内外の好条件の一部もしくは全部が欠ければ、貿易はたちまち不振に陥る危険性をもっていた。事実、一六九〇年代からあいついだ銀貨の品位切下げは日朝貿易に大きな影響をあたえた。朝鮮の商人や彼らと取引する中国の商人が日本銀を欲したのは、それが銀含有率八〇%という高品位の銀だからであった。その後特別に▲高品位で鋳造した銀の輸出許可と正徳《しょうとく》改鋳（一七一四〈正徳四〉年）による銀貨の品位復帰によりややもちなおしたものの、国産品の増加にともなう輸入生糸の国内での価格低迷や、元文《げんぶん》改鋳（三六〈元文元〉年）による再度の銀貨品位切下げによって、銀と生糸を軸にした貿易は利益を

▼**大きな貿易利益**　たとえば銀一〇〇〇貫（金で約一万七〇〇〇両）は四万石の領地からの収入に匹敵した。

▼**西国一の長者**　「対馬古文書」のうち「厳原公民館文書」所収「御国家古今盛衰惣論」。

▼**特別に**　医薬品である朝鮮人参輸入用の名目で許可された。

▼批判勢力　たとえば賀島平助《かしまへいすけ》の「言上書《ごんじょうしょ》」(一六八七年)は藩政への批判を細々と記している。

生まなくなった。ほぼ同じころ、朝鮮人参も良品の枯渇により藩の収入源としては期待できなくなった。そこで十八世紀半ば以降、対馬藩は銅(輸出品)と薬種・牛皮・牛角爪・海産物など(輸入品)を軸とした貿易を模索していくことになった。

十七世紀後半の対馬藩にとって、幕府や諸藩の動きに対応した藩体制をつくるために、貿易の利益拡大は必要だった。だが藩は商品市場に直結した部分と、中世とあまり変わらない伝統的な農村社会という対照的な二つの要素をかかえつつ、不安定な貿易利益のうえに成り立っていた。藩内のあらたな格式設定や序列化で不利な扱いを受けた者たちや、統制強化で貿易から排除された者たちは、こうした藩政運営に対する批判勢力▲として存在していた。そして朝鮮との貿易が下降線にさしかかると、農業生産に乏しく領内にこれといった産業もない対馬では、諸藩なみの体制を維持することはたいへんな重荷となっていった。

対馬藩の財政窮乏と幕府補助金

江戸時代後期、多くの藩が財政難にみまわれたことはよく知られている。その原因は、収入が増えない一方で支出の増加が止まらないことにあった。表高相応の実収がある大名《だいみょう》でさえ財政難に陥る状況であったから、貿易利潤が大幅に減少した対馬藩が窮乏したのはある意味当然のことであった。藩は苦心の末一七七〇(明和《めいわ》七)年に「朝鮮交易が開けるまで」として、毎年銀三〇〇貫の補助(御廻《おまわ》し銀)を幕府からえることができた。しかしこの額(金で約五〇〇〇両)では、当時の江戸表年間支出の半分にも満たなかったという。収支帳簿のような史料によって藩の収支を詳しく知ることはできないが、藩の公文書・藩関係者の私文書を問わず財政困窮に関する記述は多くみられる。一七五〇年代、雨森芳洲《あめのもりほうしゅう》▲は通信使《つうしんし》継続についてつぎのように悲観的な認識を述べていた。

今となっては、朝鮮の貿易はいよいよどうしようもないので、余所から借りた借金の返済はいうまでもなく、幕府から拝借した御銀の返納さえ先延ばしを毎度お願いしている。どのように考えても身分不相応に多い家中を養うことさえできず、通信使護行のことは、けっしてできない任務である。
(「信使停止之覚書」一七五三年〈『芳洲外交関係資料・書翰集』〉)

また、江戸家老《かろう》を長くつとめた杉村直記《すぎむらなおき》▲は帰国後つぎのように回想している。

▼**雨森芳洲**　一六六八～一七五五年。東五郎《とうごろう》、誠清《のぶきよ》。木下順庵門下から招いた儒者。

▼**杉村直記**　一七四一～一八〇八年。蕃祐《しげすけ》。一七六六～八八(明和三～天明八)年のあいだ江戸家老。のち易地聘礼反対派と目され、一八〇六(文化《ぶんか》三)年幕命により江戸へ召喚、取調べ中病死。

▼**宝暦信使**　一七六三～六四(宝暦十三～明和元)年。

宝暦信使《ほうれきしんし》▲のあと、江戸表は「洗い流し」の困窮状態であった。借金は過分のことで、江戸の年間経費はみな国元から送金しなくては凌ぐことができず、外部からの借入れはなかなかできず、銀主や得意先の者にいたるまで対馬藩の江戸藩邸に目をかけてくれる者はなかった。国元もその当時は「以ての外なる御手詰り」で、朝鮮への定式の輸出品が多年とどこおっており、約条の仕送り品だけでも一とおりでない苦労の最中であれば、江戸表への送金などは容易に手が届かなかった。したがって、江戸での公私費用の手当は自力ではできず、いろいろさまざまな手段方便によって、あるいは小額の金を借り入れ、あるいは殿さまの道具を質にいれ、あるいは自分や勘定方の役人中までもそれにあわせてもちあわせの品を裸になって差しだして、その時々の急場をようやく凌ぎ、まことに飢死の心配がないだけのことであった。（「対馬古文書」のうち「杉村文書」一一所収「書付」）

杉村はこののち幕府からの補助獲得に何度も成功した人物で、回想には多少の誇張が含まれているかもしれないが、藩が各役所や藩士に対してだした倹約《けんやく》令《れい》、また藩士からの知行借上げ令は宗義真時代の末年以降枚挙に暇がない。まとまった財政再建政策もしばしば実施されており、他藩では本当の意味で非常手段であった参勤交代の延期さえ繰り返し行われていた。しかし、節約による支出削減の効果は限られていたし、貿易回復の見通しも明るくなかった。また、本来の「身代《しんだい》」(財政基盤、とくに領地)に対して過分の家臣をかかえていることもしばしば指摘されたが、家臣団の縮小は藩士の生活、藩の体面、領民生活にかかわる重大事で、容易に実行できなかった。結局、対馬藩としては「公恵《こうけい》」＝幕府に補助を求める方向に向かわざるをえなかったのである。

江戸幕府は、中央政権の立場から個別領主に対して補助をあたえることがあった。その事例▲はつぎのように整理することができる。

(1)幕府の重要な役職に就任した場合や、国家的事業を果たす場合。

(2)広範囲・深刻な領地損毛が起きた場合。領地管理は本来各領主の責任であるが、個々の責任を超えた災害に際しては、幕府が領主の存続を支援した。

(3)居城の破損や城下火災があった場合。領主階級全体の利害にかかわる問題として、すみやかな修復をはかるため補助が行われた。

(4)将軍の親戚縁者に対する補助。これは一族の長としての役割であろう。

▼**事例**　幕府はこうした事例を公表していなかった。

江戸幕府が対馬藩に対して、他藩に例をみないほどしばしば補助をあたえていることは、これまでにも注目されてきた。その状況をまとめたのが次ページ表であり、一見しておびただしい補助が行われていることがわかる。通信使実施に関《かか》わる補助は右の(1)に、貿易不振・財政困難に対する補助は(2)にあたると解釈でき、その他の事例を含めて、対馬藩への数多くの補助も一応幕府の個別領主に対する補助事例の枠内で処理されたとみることができる。しかし領地損毛への補助も、通常は容易に認められるものではなかった。

ここで一七七五(安永《あんえい》四)年から翌年にかけて行われた「御本願《ごほんがん》」▲の事例をみてみよう。一七七五年四月、対馬藩は幕府への「御本願」実施を決定した。さきに許可された毎年三〇〇〇貫の「御廻し銀」では決定的に不足であるなか、江戸家老杉村は「御権門《けんもん》」(幕府の有力者)と馴染みがある現在しか大規模な運動を成功させる機会はないとの判断を伝えてきた。そこで万一の場合、朝鮮との御役儀御《ご》免《めん》・国替えとなることも覚悟のうえで、土地にしろ金にしろ「朝鮮押さえの役儀をつとめられるだけの御手当」を幕府に求めようという判断であった。左は国元の筆頭家老古川図書《ふるかわずしょ》▲が藩主宗義暢《よしなが》へ提出した願書草案▲の一節である。

▼**御本願**　藩では前後の運動と区別するため「御《ご》本願」と名づけているが、役儀相応の補助を求める運動の総称「御至願《ごしがん》」で呼ばれることもある。

▼**古川図書**　一七四九〜九〇年。暢往《ながゆき》。杉村直記と同様代々家老をつとめる「三家《さんけ》」の出身。

▼**願書草案**　願書の別紙案には中世対馬が異国の侵犯を防禦した歴史や釜山和館からみえる朝鮮軍の演習なども記されている。

●──幕府の対馬藩に対する財政援助

年月日	米・金高		理由
	拝領	拝借	
元禄13. 2.		金 30,000両	朝鮮貿易資金
正徳 1 . 2 . 27		〃 50,000両	信使来聘につき
享保 2 . 12.		〃 5,000両	朝鮮貿易資金
3 . 7 .		〃 50,000両	信使来聘につき
19. 12. 20		〃 10,000両	朝鮮人参貿易振興のため
延享 3 . 7 .	金 10,000両		交易利潤なく，勝手向き難渋（5年間）
3 . 9 .		金 30,000両	信使来聘につき
宝暦 4 . 4 .		〃 15,000両	座売人参の中絶，勝手向き難渋
5 . 7 . 1	金 10,000両		交易利潤なく，勝手向き難渋（3年間）
8 . 6 .		金 10,000両	朝鮮貿易資金
11. 10.		〃 30,000両	永続御手当として
11.		〃 50,000両	信使来聘入料として
13. 4 . 4	金 97,000両		〃
13. 12.	〃 3,000両		〃
明和 4 . 8 . 17		金 15,000両	交易3カ年中絶，勝手向き難渋
7 . 7 . 8	銀 300貫		近年交易断絶につき（～安永4）
安永 5 . 3 . 4	金 12,000両		永続御手当として（～文久2）
8 . 11.	〃 3,000両		近年凶作，そのうえ訳官渡来
天明 2 . 11. 9		金 5,000両	訳官渡来につき
6 . 12. 11	金 3,000両		〃
寛政 5 . 2 .		米 10,000石	来聘御用につき，輸入米滞り
8 . 6 . 7	金 2,000両		訳官渡来につき
文化 2 . 7 . 16	〃 10,000両		信使来聘につき
6 . 11. 11		金 30,000両	〃
9 . 7 . 4	金 2,500両		来聘による物入り，交易減退（～文化14）
12. 7 . 17		米 10,000石	朝鮮飢饉により，輸入米滞り
13. 9 . 19		〃 10,000石	〃
14. 4 . 3	金 2,000両		訳官渡来につき
文政11. 10. 3	〃 2,000両		〃
12. 10. 25		金 2,000両	去年凶作，交易船破船
天保 5 . 12. 27		〃 10,000両	朝鮮連年不作につき
11. 12. 29		〃 10,000両	朝鮮来聘につき
12.		〃 20,000両	〃
14. 5 . 28	金 15,000両		〃
弘化 4 . 8 . 17	〃 15,000両		〃
嘉永 1 . 8 . 12		金 10,000両	海岸守衛のため
安政 2 . 3 . 19	金 2,000両		訳官渡来につき
4 . 8 . 23	〃 20,000両		信使来聘につき
文久 2 . 4 . 29		金 15,000両	交易船破船，そのうえ異国船渡来
3 . 5 . 26	米 30,000石		攘夷決行のため
安永5以後計（88年間）	米 30,000石 金 1,133,000両	米 30,000石 金 102,000両	

荒野泰典「幕藩制国家と外交─対馬藩を素材として─」（『歴史学研究』1978年度大会報告特集）所収の表による。

朝鮮のために設けおく防御の資用を朝鮮と通貿《つうぼう》する利分で手当してきたことは、元来武略において不都合の次第と存じます。万一両国間に紛争が起きて通貿手切れとなるときは、その手当を失うのは必然の勢いです。かねて事変を防ぐ備え方の資用が、事変が起きたその場になって手当を失っては、実に備えがないのと同様と存じます。結局長年姑息の大弊害で、今さら申し上げてもその主意貫きがたく、実に家魂《かこん》を失ったことは自分の恥辱心外であると思い、これまでは不勝手だけをおなげき申し上げてきました。幕府で武略の大本を御吟味くだされ、別段の御仁恵をもって事変が起こった場合でもいさぎよく鎮禦《ちんぎょ》の御役儀をつとめるだけの御手当を命じてくださるならばありがたき幸せでございます。（「対馬古文書」のうち「厳原公民館文書」所収「御笑草」）

ここでは朝鮮との貿易利益に依存して「朝鮮押さえの役」を任務とする矛盾が強調され、交易利潤減少に相当する分の補助ではなく、「朝鮮押さえの役」を実施するのに必要な「御手当」を求めている。これは対馬の本音に近いものだった。一方で江戸の杉村は、すでに「朝鮮交易が開けるまで」との理由で「御廻し銀」が許可されている以上、今回は「朝鮮交易手切れ（私貿易断絶▲）」が対馬藩単独では解決できないことを幕府に確認させるしかないと考えて実際に提出する願書を作成した。

老中《ろうじゅう》たちは度重なる補助要求に初め困惑したが、結局対馬藩の窮状に同情し、「大名はおたがいの儀」と補助を認める方向に傾いた。そこには従来の日朝関係維持を優先させる政治的判断もあった。そして幕府財政をあずかる勘定所《かんじょうしょ》と老中とのあいだで調整の結果▲、毎年金一万二〇〇〇両の補助下賜が決定した。一七七六（安永五）年三月にだされた補助許可（宗義暢への老中申渡し）は左のとおりであった。

> 朝鮮交易がたえ、御役儀の手当はもちろん、藩の存続もできないので、御役儀を引き続きつとめ、藩内が成り立つようにしてほしいとの願いの趣を将軍さまのお耳にいれたところ、これまで何度も御手当をくだされているうえのことであるから、御沙汰《さた》におよびがたいことであるが、今回は交易（私貿易）取開きのため朝鮮へ派遣した使者へ漢文の書類で断わり、交易がまったく手切れにおよんだとのことを（将軍さまが）お聞き届けになり、永

▼**私貿易断絶**　実際には継続している私貿易の説明が問題になるが、私貿易輸出銅は公貿易輸出銅と一体で調達しているので、弁明可能だと判断したのであろう。

▼**調整の結果**　勘定所は、対馬藩国替えや役人による再調査などいくつかの案を示したが、老中に却下された模様である。

▼永続御手当として　原文の表記は「永続為御手当」。

▼実収納約三万石　勘定所は、一七七一(明和八)年に役人を派遣して対馬の実情を把握していた。

続御手当として年々金一万二〇〇〇両ずつをくだしおかれるので、そのように承知せよ。(『御触書天明集成』)

右と同時に宗義暢への申渡しとして、今回新規取立てのつもりで格外の倹約や家中人数減少を行い、今後は補助要求を願い出ることがないようにせよと、勘定所の意向が強く反映した別紙がだされた。これらの申渡しからは、つぎのような幕府の認識を知ることができる。(1)将軍の意向を示す文言がはいっており、幕府にとって重要な決定であったことを示している。(2)対馬藩の要求と今回のあらたな事情を記し、幕府はそれらを一応確認している。(3)補助の名目は単に「御手当」となっており、幕府は「朝鮮押さえの役」の具体的な内容や必要となる手当、朝鮮交易がどれほどの知行に相当するかといった点には判断を示さなかった。(4)対馬藩の実収納約三万石＋今回の補助(一万二〇〇〇両はおおむね領地三万石の収納に相当)＝計六万石相当の収入にあわせて今後藩の存続ができる体制を構築せよとの認識が示されている。

日朝関係の問い直し

「御本願」の過程でしばしば登場したのが、「朝鮮押さえの役」という言葉であった。藩側の主張では、それは朝鮮をはじめとする外国勢力に備え、万一の場合にも対馬を占領されないこと、そのために多数の家臣をかかえておくことであった。幕府は「朝鮮押さえの役」自体は否定しなかったが▲、その内容を具体的に示すことはなかった。たしかに近世初期から「朝鮮にかかわることは対馬（宗氏）をとおして」という意識は幕府にも存在し、対馬藩は幕府の求めに応えて朝鮮から使者を来日させるなど実績を重ねていた。しかし幕府が対馬藩に対して明確に「朝鮮押さえの役」を命じたり、朝鮮貿易を知行のかわりとして保証したりした文書が存在したわけではなかった▲。「朝鮮押さえの役」は、対馬藩が自己の存在意義や役割を問うなかで到達した表現の一つであった。

十八世紀になると、対馬では朝鮮が対馬を臣下（「藩臣《はんしん》」▲）とみなす部分があることや、朝鮮米が対馬の禄米・飯米になっていることが問題とされるようになってきた。たしかに中世以来の約条《やくじょう》体制は、朝鮮が設定する通交秩序に服すことと経済的な利益とが一体になっており、対馬が名分的な点に無頓着あるい

▼**幕府内の議論**　幕府勘定所は他の大名にこの役を担わせることや、対馬藩士の一部を幕臣に取り立てたうえで幕府が直接朝鮮との外交を行う可能性も検討していた。

▼**軍事動員の特例**　島原《しまばら》・天草《あまくさ》一揆《いっき》鎮圧や長崎警備の軍事動員から対馬藩ははずれており、軍事動員で特別視されていたことは確かである。

▼**藩臣**　王室（帝室）を守護《しゅご》する藩屏《はんぺい》となる臣。

は「目をつぶる」ことで成り立っている部分があった。歴史研究の進展や国家意識の高まりとともに疑問や批判が生じることは避けられなかった。

対馬を代表する農政家で、郡奉行の経験もあった陶山訥庵は、対馬農業の集約化によって食料の自給体制をつくり、朝鮮米への依存から脱却するべきだと考えた。訥庵は、政令が継続し民がよく従うならば、一〇年で食料自給が可能になるとしたが、旧来の焼畑農業に慣れた農民からは好まれず、したがって十分に進展しなかった。対馬の自給自足と表裏の関係をなしていたのが、つぎのような朝鮮との関係についての認識である。

(1)四〇〇年前まで対馬が朝鮮から食料を受けることはなかった。日本が乱世になって朝鮮は倭寇《わこう》を防ぐことができず、対馬や西国大名からの歳船《さいせん》を受け、送使を接待する約束を定めた。今日の歳遣船《さいけんせん》は乱世の遺風であり、朝鮮・対馬にとって「恥」である。

(2)藩主の諱《いみな》を刻した印(図書《としょ》)を外国から受けるのは対馬にとり「よからぬしわざ」である。しかし礼曹《れいそう》書契の書き方は対馬を藩臣扱いしてはいない。

(3)朝鮮で新国王が即位した際に表文《ひょうぶん》▲をたてまつることは、景轍玄蘇《けいてつげんそ》の時代以

▼**表文**　家臣が君主《くんしゅ》にたてまつる文書の一形式。

降書契を扱う僧が始めた「よからぬしわざ」である。ただし表文をたてまつる外臣《がいしん》▲であるかもしれないが、藩臣とはいえない。
(4)朝鮮との通交をたっても対馬が飢えることはない。
(5)朝鮮の文書で対馬はもと慶尚道《キョンサンド》のうちに属していたといっているが、まったく根拠のない偽りである。
(6)外国の食を食すのは義において害があり、公《こう》貿易ほか貿易は町人に行わせるべきである。公木《こうぼく》はみな薬種や糸反物にかえ、国内での買米の資とする。備蓄増加と人口減▲により、将来は海路が通じないときも難を逃れることができる。（『対韓雑記《たいかんざっき》』）

日朝関係のかかえる問題点について深く洞察した雨森芳洲は、対馬と朝鮮の間に利害対立や行違いが発生することをよく知っていた。しかし芳洲がみるところ、従来の対馬のやり方は、あるときは威嚇によって要求をとおそうとし、またあるときは事なかれ主義▲に流れて主張すべきことも主張せず、問題が多かった。理想は対馬が朝鮮貿易に依存しないで経済的に成り立つことだが、それは当面現実的に不可能である。そこで、問題がなにによって生じるのかを洞察

▼**外臣**　国外、他国の臣。

▼**人口減**　余剰人口の島外転出を想定している。

▼**事なかれ主義**　「竹島一件」の最終段階で幕府は礼曹書契の文面に問題ありとしながら、問い詰めれば争いになるからとなにもしなかった。芳洲は和館で書契を受理する段階で問題を指摘すべきだったと批判している。

したうえ、道理に照らして判断し、誠意と適切さをもって是々非々で対処する必要があるというのが芳洲の立場であった。芳洲の著書『交隣提醒《こうりんていせい》』▲にある「誠《せい》信《しん》の交わり」という語は、彼の思想を集約した言葉としてしばしば引かれる。しかしうしろに続く文章まで読めば、「誠信」がきれいごとの友好ではなく、藩に必要なことを考えるなかでこの語に芳洲なりの意味をもたせたものであることがわかる。

　誠信というのは実意ということで、おたがいにあざむかず争わず、誠実に交際することを誠信という。「朝鮮と本当の誠信の交わりを実行しよう」と思うならば送使《そうし》▲を尽く辞退し、少しも朝鮮に負担をかけないようにならなければ本当の誠信とはいいがたく、その理由は、朝鮮国の書籍をみれば朝鮮側の本心▲がどこにあるかわかることである。しかしこのことは容易に実現することでもなく、現在までの慣行は朝鮮国からも簡単には改変しようとはいわないであろうから、なにとぞ慣行はとりあえずそのままにしておき、そのうえに実意を失わないようしたいことである。「日本人は性質が荒々しく道理で押さえることはできない」と申叔舟《シンスクチュ》の文▲にもみえており、

▼**『交隣提醒』**　書名は「交隣とはなにかを明らかにする」の意。一七二八年著。

▼**送使**　約条に基づく船の派遣とそれにともなう貿易をさす。

▼**朝鮮側の本心**　朝鮮が対馬を軽侮していることをさす。

▼**申叔舟の文**　『海東諸国紀《かいとうしょこくき》』のこと。

朝鮮国の負担は大きいにもかかわらず、送使の接待をはじめ現在まで別条なく連続しているのは、日本人の荒々しい性質を恐れたことから始まったのである。

芳洲とともに木下順庵《きのしたじゅんあん》門下から招請された松浦霞沼《まつらかしょう》は、外交の現場よりむしろ対馬・朝鮮関係の歴史的考察に力をそそいだ。その主著『朝鮮通交大紀《つうこうたいき》』には、対馬側の朝鮮研究▲・朝鮮認識がたりなかったため、過去の交渉で朝鮮側の術中に陥り不利をこうむることがたびたびあったとする記述がみられる。実際の交渉では道理に照らして是々非々で対処すべきとする点は芳洲と同様である。雨森芳洲の実孫で松浦霞沼家の名跡を再興した儒者《じゅしゃ》松浦桂川《けいせん》▲は、釜山《プサン》和館での勤務経験をもち、また一七七二(安永元)年から翌年にかけ江戸家老をつとめた。藩内抗争▲に巻き込まれて流罪《るざい》となったが、配流《はいる》先で書いた「答問書《とうもんじょ》」が残されている。一七七八〜八一(安永七〜天明《てんめい》元)年ごろと推定される答問書で、桂川はつぎのように述べている。

(1)公貿易は朝鮮から対馬に賄賂を贈り、外禦《がいぎょ》を対馬へ託したのであり、朝鮮から容易に止めることはない。対馬からもあえて辞退する必要はない。

▼**朝鮮研究**　当時の対馬で朝鮮政府の公式記録をみることはできなかった。霞沼や芳洲・訥庵らは、著名な朝鮮官人の文集や、『攷事撮要《こうじさつよう》』(官人向けハンドブック)を利用した。

▼**松浦桂川**　一七三七〜九二年。平蔵《へいぞう》、弾正《だんじょう》、暢守《ながもり》。

▼**藩内抗争**　江戸で家老就任後一年あまりで退役・逼塞、翌年改易《かいえき》のうえ牢居。藩主義暢・前藩主義蕃《よししげ》の対立に巻き込まれたとされる。

(2)しかし公貿易を税のように考え、国を立てる基にするのはよくない。わずかの私貿易再興に尽力するのは、外部から「実は貿易利益があるのでは？」と思われるかもしれず有害無益である。それより公木の換米《かんまい》▲を増やすべきである。

(3)「朝鮮押さえの役」といっているが、現在の対馬にはたいした備えはない。しかし対馬は朝鮮一国の備えではなく、中国や周辺の夷狄《いてき》への備えである。

(4)長崎の警備体制と対馬の防御は天地の差がある。対馬を外敵が占領すれば日本の大事になる。

そして、対馬に築城し守りを固める計画を記したあと、「日本の外国防備についていえば、一〇〇〇貫目の財産で雨戸一枚をあらたにいれるくらいのことである。過分の費用のようであるけれども、それを幕府からだす必要はなく、大名御手伝普請《おてつだいぶしん》同様に一大名に出金を命じてもよいし、または西国の諸侯《しょこう》に分割して命じてもよい。費用は五万両から七万両で、一〇万両まではかからないであろう」と述べている。

芳洲、桂川、あるいは前項であげた古川図書などは藩の為政者の立場からの

▼**公木の換米**　公貿易で受け取る木綿を米にかえること。桂川は(1)加増または御手当、(2)公作米増加、(3)農業生産と税収の増加、(4)城下商工業者減少、の四点を藩立て直しの柱と考えていた。

議論であったが、隠居後の陶山訥庵やつぎにあげる満山雷夏《みつやまらいか》▲の意見は、より自由な立場から書かれており、それだけに朝鮮との関係への現状批判を含んでいた。

　満山雷夏は仕官せず府中市井《しせい》の儒者としてすごしたが、古川図書をはじめ同時代の対馬藩士に大きな影響をあたえたといわれる。その議論は、陶山訥庵が歳遣船や約条などを「よからぬ」と位置づけたことを受け継いでさらに展開させたものであった。その特徴は、(1)朝鮮との通交を幕命による「御役儀《やくぎ》」と、対馬の「私交《しこう》」に分け、参判使《さんばんし》や通信使同伴は御役儀であり、送使約条は私交であるとした点、(2)この体制を、対馬の恥辱ひいては幕府の瑕瑾《かきん》と表現した点にあった。雷夏もまた、上表文・図書《としょ》・送使などは乱世の遺風であり、こうした朝鮮が対馬を属国とみる要素を改めていかなければならないと主張した。また「御役儀」に分類される部分については、通信使と参判使はともに政府の使者だから同様の扱いとすべきで、通信使は対馬、参判使は釜山で応接を行うのが適当であるとした。

　十八世紀末に、朝鮮使節を対馬で迎接すべきであるとする考え方が、対馬で

▼満山雷夏　一七三六～九〇年。儒者。主著『佩聞緒言《はいかんちょげん》』。

は満山雷夏、江戸では松平定信《まつだいらさだのぶ》、大坂では中井竹山《なかいちくざん》▲と、場所も立場も異なる人たちのあいだでほぼ共通して構想されていたことは興味深い。これらはかつて、新井白石《あらいはくせき》が書いた易地聘礼《えきちへいれい》論▲から共通して影響を受けていたと考えられるが、従来の日朝関係のあり方への疑問が広がりつつあったことを示している。

訥庵や雷夏のような意見がすぐに藩論として主張されることはなかったが、「御役儀」と「私交」を分ける考えや約条に基づく関係を「恥辱」とする考え方は対馬藩のなかで伏流水のように受け継がれ、幕末維新《ばくまついしん》期に対朝鮮関係のあり方をめぐる議論のキーワードとして浮上することになった。

▼**中井竹山**　一七三〇〜一八〇四年。私塾懐徳堂《かいとくどう》の儒者。『草茅危《そうぼうき》言《げん》』で対馬応接論を述べた。

▼**易地聘礼論**　白石はみずからが行った通信使応接の改革が争いの種となったため、むしろ対馬で応接するのが適当だと考えるようになった。

近世的日朝関係の終焉——おわりにかえて

最後に、いささか駆け足になるが、十八世紀末から廃藩置県《はいはんちけん》による対馬藩《つしまはん》の消滅までの、「対馬からみた日朝《にっちょう》関係」を概観しておくことにしたい。

一七八八(天明《てんめい》八)年、江戸幕府は国内疲弊を理由に通信使《つうしんし》▲招聘《しょうへい》の当面延期▲を朝鮮と交渉するよう対馬藩に命じた。ついで一七九一(寛政《かんせい》三)年、幕府は今回通信使聘礼《へいれい》を対馬で行うこと(対馬易地《えきち》聘礼)の交渉を命じた。この交渉は非常に難航し、対馬府中《ふちゅう》で聘礼が実施されたのは一八一一(文化《ぶんか》八)年であった。通信使の派遣や接待が国家にとって負担であり、その簡素化と経費節減が必要だとする点では、幕府と朝鮮政府のあいだに根本的な違いはなかった。交渉成立まで長い年月を要したのは、中間の対馬藩や朝鮮側訳官《やくかん》の錯誤▲により、幕府

▼**通信使**　徳川家斉《とくがわいえなり》の将軍職襲職を祝賀する通信使。

▼**延期**　延期交渉はとどこおりなくすみ、翌一七八九(寛政元)年幕府に報告された。

▼**錯誤**　訳官は政府要人を説得できる見通しで東萊府使《とうらいふし》の文書偽造を行い、対馬藩もこれに加担した。しかしのちに不正が発覚し、かえって交渉を行きづまらせることになった。

と朝鮮政府双方の体面を立てつつ合意できる形式や内容をまとめきれなかったこと――本質的には、幕府・対馬・朝鮮政府三者間の意思疎通が十分できない点にあった。朝鮮政府が最終的に対馬聘礼に合意するには、対馬での訳官と幕府目付《めつけ》遠山景晋《とおやまかげみち》▲との確認（一八〇九〈文化六〉年）を必要とした。

それでも経済的には、一七七六（安永《あんえい》五）年の御手当金《おてあてきん》一万二〇〇〇両や文化通信使終了後の二万石「御手当地」など幕府からの補助をえつつ、対馬藩は幕末《ばくまつ》までなんとかもちこたえることができた。しかし幕末「開国」「開港」以後に生じた変動は、従来のレベルを超えて対馬藩を大きくゆさぶった。一八六一（文久《ぶんきゅう》元）年に起きたロシア船ポサドニック号の浅茅《あそう》湾長期滞留▲事件では、欧米船に対する防備がなきに等しいことが明らかになった。だが、公《こう》貿易の運営さえ円滑を欠く当時の情勢では、軍備強化のめどは立たなかった。藩内尊攘《そんじょう》派の一部は一八六二（文久二）年、幕府に移封《いほう》（国替え）を内願中だった江戸家老《かろう》佐須伊《さすい》織《おり》を殺害し、当時攘夷《じょうい》の先鋒だった長州《ちょうしゅう》藩と協力関係を結んだ。その後一八六四～六五（元治《げんじ》元～慶応《けいおう》元）年をピークに藩内では分裂抗争が繰り返され、めぼしい人材の多くが失われた。ただ幕末における長州藩との協力関係もあって、

▼**遠山景晋**　一七五二～一八三七年。幕府旗本《はたもと》。目付・長崎奉《ぶ》行《ぎょう》・勘定《かんじょう》奉行などを歴任。一八〇四（文化元）年に長崎でロシア船応接。

▼**長期滞留**　一八六一（文久元）年二月から八月にかけて。藩は自力で問題を解決することができなかった。

明治新政府の成立に際しては対馬藩はむしろ厚遇された。

　明治新政府は、旧幕府が欧米各国と結んだ条約の継承を表明する一方で、朝鮮との関係については、一八六八(明治元)年三月宗重正《そうしげまさ》(義達《よしあき》)を家役《かやく》の朝鮮通交▲のことに任じ、王政復古《おうせいふっこ》を朝鮮に伝えるよう命じた。同年閏四月以降、対馬藩から政府へ朝鮮との交渉の「旧弊《きゅうへい》改革」につき種々の建白が行われ、協議の結果、(1)国書《こくしょ》式の変更(天皇にふさわしい用語を使用する)、(2)「私交《しこう》」改革の一端として朝鮮政府発給の印(図書《としょ》)を明治新政府発給の印に変更、(3)宗氏の官位上昇▲などが決められた。

　こうした「改革」の方向性は、幕末以来長州藩尊攘派との結びつきのなかで対馬藩関係者が語ってきた内容と重なり、さかのぼればかつて満山雷夏《みつやまらいか》が「恥辱」解消のためとして提起したものに類似していた。もちろん当時の関係者は、三年後に「藩」自体が消滅するとは思っていなかった。外交や貿易の実務は当然対馬藩が継続して担うという前提のもと、(1)政権交代を機会に中央政府との強い結びつきを示し、朝鮮が対馬を藩臣的に扱う要素の解消など従来問題として意識されてきた事柄の「改革」を実現させ、(2)またそれにより朝鮮貿易の不調問題

▼**家役の朝鮮通交**　幕府から代々「朝鮮の役儀」(表現には幅がある)を命じられた例にならった。

▼**官位上昇**　従四位下《じゅしいのげ》対馬守《かみ》から従四位上《じょう》左近衛《さこのえ》権《ごんの》少将《しょうじょう》へ。

も一挙に改善をはかろうとする意図によるものであった。

一八六八年秋以降、対馬藩は朝鮮に新政府成立を告げる書契《しょけい》を内示して交渉にはいったが、書契は天皇に対して「皇《こう》」「勅《ちょく》」などの語を使用しており、朝鮮側は異例・異格として受取りを拒否、対馬藩の努力にもかかわらず交渉は停滞して進まなかった。

旧来の慣例や「皇」「勅」といった名分《めいぶん》▲が朝鮮にとって重大事であることは対馬藩側も知っており、その変更をもちだせば書契受取り拒否が起こる可能性は予測されていた。交渉が渋滞すれば公貿易などが停止して藩財政▲の逼迫に直結し、朝鮮との関係を宗氏へ一任することへの異論が新政府内で強まる恐れもあった。対馬藩がリスクをおかして「改革」に進んだのは、外交にせよ貿易にせよ従来の体制に行詰まりを感じており、積年の「旧弊」を打開する機会は今を措いてないと判断したからであろう。

しかし朝鮮からみると、対馬が申し入れてきた変更点は、(1)「皇」「勅」など清《しん》との事大《じだい》関係と、(2)対馬や日本に対するみずからの華夷《かい》意識、二つの根幹にかかわることで容易に受け入れることはできなかった。対馬の背後にみえ隠れす

▼**名分**　朝鮮での名分論では、「皇」「勅」などの語(文字)は中国の皇帝専用であった。

▼**藩財政**　ただし一八六九(明治二)年九月、旧幕府時代の一万二〇〇〇両および下野《しもつけ》領の代替として、豊後《ぶんご》・豊前《ぶぜん》両国内に約四万石が支給された。

る「新政府」の意図をみきわめるにも時間が必要だと判断した。そこで朝鮮側は、書契を受け取らずに対馬の出方をみる従来からの手法をとることにしたが、今回は日本側も朝鮮側も中央政府の掣肘《せいちゅう》▲が強く、直接交渉にあたる出先の者同士で妥協をはかるわけにはいかなかった。

膠着《こうちゃく》状態を打開することができないまま事態は対馬藩の思惑を超えて進み、一八七一(明治四)年七月の廃藩置県によって対馬藩も、同藩が支えてきた近世的日朝関係も終焉を迎えることになった。

▼**中央政府の掣肘** 当時朝鮮では国王高宗《コジョン》の実父大院君《たいいんくん》が政治の実権をにぎっていた(一八六三〜七三)。東莱府使や訳官には鎖国攘夷政策をとる大院君の腹心が配置されていた。

●——写真所蔵・提供者一覧(敬称略, 五十音順)

『韓国の美19　風俗画』(安輝濬監修, 中央日報社, 1993年)　　p. 72上
九州国立博物館　　p. 18
国立歴史民俗博物館　　カバー表
早田和文・長崎県立対馬歴史民俗資料館　　p. 14
『朝鮮史料集真』(朝鮮総督府, 1935年)・東京大学史料編纂所　　p. 58・59
対馬市教育委員会　　p. 52
東京大学史料編纂所　　p. 13下
長崎県立対馬歴史民俗資料館　　扉, カバー裏
万松院・対馬市教育委員会　　p. 64

近世的日朝関係の終焉

田保橋潔『近代日鮮關係の研究　上・下』朝鮮総督府, 1940年*
日野清三郎著・長正統編『幕末における対馬と英露』東京大学出版会, 1968年
石川寛「明治維新期における対馬藩の動向」『歴史学研究』709, 1998年
石川寛「日朝関係の近代的再編と対馬藩」『日本史研究』480, 2002年
石川寛「明治期の大修参判使と対馬藩」『歴史学研究』775, 2003年
石川寛「明治維新期の対馬藩政と日朝関係」『朝鮮学報』183, 2002年
木村直也「文久三年対馬藩援助要求運動について」田中健夫編『日本前近代の国歌と対外関係』吉川弘文館, 1987年*
木村直也「幕末の日朝関係と征韓論」『歴史評論』, 1993年
木村直也「幕末期の朝鮮進出論とその政策化」『歴史学研究』679, 1995年

申叔舟著, 田中健夫訳注『海東諸国紀』(岩波文庫), 岩波書店, 1991年
長崎県教育会対馬部会編『郷土史料　対馬人物志』1917年
唐坊長秋撰・陶山存編述, 鈴木棠三編『十九公実録・宗氏家譜』村田書店, 1977年
新対馬島誌編集委員会編『新対馬島誌』, 1964年
『宣祖実録』,『宣祖修正実録』韓国国史編纂委員会, 1969年
田中健夫編『善隣国宝記・新訂続善隣国宝記』集英社, 1995年
立花氏清撰, 鈴木棠三編『宗氏家譜略』村田書店, 1975年
金健瑞他編『増正交隣志』京城帝国大学法文学部, 1940年
鈴木棠三編『対州藩覚書・御勘定所田代覚書』村田書店, 1976年
「朝鮮送使国次之書契覚」田中健夫『対外関係と文化交流』思文閣出版, 1982年
松浦允任編, 田中健夫・田代和生校訂『朝鮮通交大紀』名著出版, 1978年
「天龍院公実録」(東京大学史料編纂所)
『長崎県史　藩政編』吉川弘文館, 1973年
『日本経済叢書』4・13(『陶山鈍翁遺著』・『同続編』), 同26(賀島兵介『言上書』・松浦桂川『桂川答問書』)日本経済叢書刊行会, 1914-16年
『辺例集要　上・下』韓国国史編纂委員会・探求堂, 1969-70年
泉澄一編『芳洲外交関係資料・書翰集(雨森芳洲全書4)』関西大学出版部, 1984年
「柳川調興公事記録」(東京大学史料編纂所)

池内敏『大君外交と「武威」』名古屋大学出版会, 2006年＊
荒野泰典『近世日本と東アジア』東京大学出版会, 1988年
田代和生『書き替えられた国書』(中公新書), 中央公論社, 1983年＊
鶴田啓(高木昭作・杉森哲也編)『近世日本の歴史03(第４講～第６講)』放送大学教育振興会, 2003年
三宅英利『近世日朝関係史の研究』文献出版, 1986年

④―藩と貿易の体制

伊東多三郎「対馬藩の研究」『幕府と諸藩』吉川弘文館, 1984年
金東哲著, 吉田光男訳『朝鮮近世の御用商人(韓国の学術と文化７)』法政大学出版局, 2001年
田代和生『近世日朝通交貿易史の研究』創文社, 1981年
鶴田啓「近世大名の官位叙任過程」橋本政宣編『近世武家官位の研究』続群書類従完成会, 1999年
鶴田啓「近世朝鮮貿易と日朝接触の特質」『歴史評論』481, 1990年
鶴田啓「近世日本の四つの『口』」荒野泰典・石井正敏・村井章介編『アジアのなかの日本史Ⅱ・外交と戦争』東京大学出版会, 1992年
鶴田啓「釜山倭館」荒野泰典編『江戸幕府と東アジア(日本の時代史14)』吉川弘文館, 2003年

⑤―藩政の推移と矛盾

石川寛「対馬藩の自己意識―『対州の私交』の検討を通じて―」九州史学研究会編『境界のアイデンティティ』岩田書院, 2008年
佐伯弘次代表『宗家文庫資料の総合的研究(科学研究費研究成果報告書)』2001年
鶴田啓「天保期の対馬藩財政と日朝貿易」『論集きんせい』８, 1983年
鶴田啓「一八世紀後半の幕府・対馬藩関係」『朝鮮史研究会論文集』23, 1986年
鶴田啓「寛政改革期の幕府・対馬藩関係」田中健夫編『前近代日本の国家と対外関係』吉川弘文館, 1987年
光岡雅和「文化十年の長州藩への拝借金をめぐって―江戸幕府拝借金の性格―」『論集きんせい』10, 1987年

●——参考文献　とくに依拠した文献には＊をつけた。自治体史と史料は末尾においた。

①—中世の対馬と高麗・朝鮮

李領『倭寇と日麗関係史』東京大学出版会, 1999年
長節子『中世日朝関係と対馬』吉川弘文館, 1987年＊
長節子『中世国境海域の倭と朝鮮』吉川弘文館, 2002年＊
関周一「倭寇」『歴史と地理』522, 1999年
関周一『中世日朝海域史の研究』吉川弘文館, 2002年
高橋公明「海域世界の交流と境界人」大石直正・高良倉吉・高橋公明編『周縁から見た中世日本(日本の歴史14)』講談社, 2001年
田代和生・米谷均「宗家旧蔵『図書』と木印」『朝鮮学報』156, 1995年
橋本雄『中世日本の国際関係』吉川弘文館, 2005年
三宅英利『近世日朝関係史の研究』文献出版, 1986年
村井章介『分裂する王権と社会(日本の中世10)』中央公論新社, 2003年
村井章介編『南北朝の動乱(日本の時代史10)』吉川弘文館, 2003年
米谷均「一六世紀日朝関係における偽使派遣の構造と実態」『歴史学研究』697, 1997年
米谷均「後期倭寇から朝鮮侵略へ」池享編『天下統一と朝鮮侵略(日本の時代史13)』吉川弘文館, 2003年
米谷均「『倭寇』について」『歴史地理教育』696, 2006年

②—近世初期の日朝関係と対馬

李啓煌『文禄・慶長の役と東アジア』臨川書店, 1997年＊
北島万次『豊臣政権の対外認識と朝鮮侵略』校倉書房, 1990年
北島万次『豊臣秀吉の朝鮮侵略』吉川弘文館, 1995年＊
田中健夫『対外関係と文化交流』思文閣出版, 1982年
田中健夫『島井宗室』(人物叢書), 吉川弘文館, 1986年
中村栄孝『日鮮関係史の研究・下』吉川弘文館, 1969年
藤木久志『豊臣平和令と戦国社会』東京大学出版会, 1985年
閔徳基『前近代東アジアのなかの韓日関係』早稲田大学出版部, 1994年
米谷均「近世日朝関係における戦争捕虜の送還」『歴史評論』595, 1999年

③—「鎖国」と近世的日朝関係

李啓煌『文禄・慶長の役と東アジア』臨川書店, 1997年＊

日本史リブレット41
対馬《つしま》からみた日朝関係《にっちょうかんけい》

2006年8月25日　1版1刷　発行
2023年11月30日　1版6刷　発行

著者：鶴田《つるた》　啓《けい》

発行者：野澤武史

発行所：株式会社　山川出版社
〒101−0047　東京都千代田区内神田1−13−13
電話　03(3293)8131(営業)
　　　03(3293)8135(編集)
https://www.yamakawa.co.jp/
印刷所：明和印刷株式会社

製本所：株式会社 ブロケード

装幀：菊地信義

ISBN 978-4-634-54410-9

日本史リブレット　第Ⅰ期［68巻］・第Ⅱ期［33巻］　全101巻